一番儲かる広告戦略！

10年で3000社以上の
売上を上げた男
ホームページ制作F（株）代表
望月 聡

はじめに ～売上が向上して経営が安定、さらに会社が良くなる広告って？～

スマートフォン・携帯電話の普及率が総国民の人口を越して、２０１４年3月の総務省集計では１２２・６％となりました。

事実上、国民1人当たり1．２台以上のネット接続端末をもっている計算になります。

また、それらの携帯端末を中心に、タブレット、ノートパソコン、デスクトップパソコンなどでのインターネットの利用率は８割以上という結果になり、年々増加の傾向をたどり、国民の8割以上がインターネットにて、何かを検索しているという状況になっています。

子どもから年配の方までインターネットで調べものをし、主婦の連絡網をはじめ、ビジネスの重要なやりとりまで全てメールやＬＩＮＥでする時代となりました。

一方、新聞や雑誌の普及率は年々減少しております。つまり紙媒体での広告は、あまり効果がなくなっていることに、誰もが気づき始めているのです。

では、これからは、どの媒体で広告を打てば反響が出るのか？　広告を見てもらいたい方たちはどこに集まっているのか？

言わずともおわかりいただけるでしょうが、インターネット上となります。

はじめに

この事実があるにも関わらず、苦しい会社ほど力を入れていない広告ツールがあります。

それは、どの会社にもある、ホームページです。

このホームページこそ、現代ビジネスでは最強の武器となるのです！

しかし、このことを軽んじている経営者、宣伝・広告担当者、実際に現場で闘う営業マンが多いように思います。

ホームページの集客無しで、現在の仕事を運営し黒字化できている会社は、戦国時代でしたら裸の竹ヤリ部隊だけで天下取りをしているほど凄いことだと私は思います。


そんな人達がホームページをうまく使えば・・・裸で戦っていた人達が鎧を着て鉄砲を持てば・・・どれほどの力を手にすることが出来るでしょうか。

実際、いまビジネスの現場で、多くの利益を残している会社は、必ずといって良いほど自社のホームページでの集客に工夫をしています。

それは、しっかりした広報部があり、莫大な広告費を使う、大手企業だけの話ではありません。

むしろ中小企業、ベンチャー企業、個人事業主ほど、高利益を出して儲けている会社ほどホームページに注力しているのです。ここにお金や労力をかけているのです。

逆に、良い商品、サービスを持ちながら、ホームページをうまく使っていないことで、その輝きを発揮できない会社もたくさんあります。

私のお客様で、ホームページを10年間放置していた結果、毎年の売上に減少傾向が見られ銀行から、ホームページリニューアルの背中を押された会社があります。

地元大分の別府温泉で、古くから経営している日帰り温泉施設の運営会社です。

実は、創業90年の歴史があり良い泉質ということで、地元客はもちろん、観光客にも愛され、なんと、あのミシュランの観光ガイドで三ツ星もとった素晴らしい温泉です。

しかし、その会社はじりじりと売上を下げており、経営を好転させるための活路が見えなくなっていました。

その理由は単純でした。ホームページを軽視していたためです。

しかし、ご縁があり私のアドバイスでホームページをリニューアルしたところ、大幅に売り上げがアップしていきました。創業以来の新記録を達成されたそうです。

さらに売上は右肩上がりが続き、現在も3年連続最高売上を20%アップ以上で更新しています。

このホームページリニューアルに3年間でお金を払ったのは、220万円だけ。それだ

リニューアル前

リニューアル後

創業 90 年の歴史がありミシュランの観光ガイドで三ツ星をとっても下がっていた売上が…

▶リニューアル後には大幅売上アップ！
三年連続で売上アップ更新中！！

お食事処の売上 1.5 倍アップ！目玉の砂場の売上は 2 倍アップ！
旅行代理店からのツアー申込もアップ！！

ひょうたん温泉 HP：http://www.hyotan-onsen.com/

リニューアルして大幅売上アップした「ひょうたん温泉」

けで3年間で1億以上の売上が純増で増えました。他に特別なことはやっていません。

私にしてみれば、もともと良い素材ですので当たり前のことだと思っています。

この運営会社は、覚悟を決めて新聞広告やテレビCM、旅行雑誌やフリーペーパーといった、効果が出るかどうかわからない媒体を全てやめてホームページに、1年分の広告予算を集中させた効果が何倍にもなって返ってきたのです。

費用対効果なんて話どころではありません。


今の時代、テレビや新聞の広告に多大な効果は望めません。昔の方法にすがっていても何も変わりません。

考えてみて下さい。売上が上がった会社は、社内整備や施設の強化にお金をかけられます。また、従業員の福利厚生に力を入れていけます。優秀な社員も向こうからやってきます。

広告費が削減できると、会社の血が滞りなく巡りはじめます。いままでまわせなかった部分に費用をどんどんまわせるようになります。会社が幸せになるのは当たり前です。

よくこんなことを聞かれます。

「ホームページやるなら人を雇わなきゃいけないのでしょう?」

「毎日いろいろ更新していく手がかかるんでしょ?」

そんなことはありません。インターネット創世記に起きた負の産物に、未だに惑わされているだけです。

ですが、やり方を知らずに、作成したホームページが爆発ヒットを生むなんてありえません。適切な戦略を立てなければ失敗に終わり、手痛い爪あとを残します。

では、どうしたら成功するのでしょうか?

ビジネスは、近くに成功者が居ればいるほど、成功の確率が高くなります。なぜなら、成功したやり方を参考にして、経営を考えるからです。ホームページもそうです。

では、いまあなたのまわりには、ホームページをうまく使っている会社はありますか?

恐らくないのでしょう。ですから本書を手にとって、ホームページ対策にご興味をもたれ、ここまでお読み下さっているのでしょう。

しかし、それが正解です。まわりに成功モデルがないのでしたら、あきらめずに探しに行けば良いのです。何かに成功するには大小あれど努力は必要だと私は強く思います。

ホームページ作りも同じで、経営者だけ熱くなってもダメですし、担当に投げっぱなし、挙句の果てにはホームページ制作会社に丸投げ・・・これでは絶対に成功しません。

全員が本気になってホームページの効果を信じて、会社の明日を信じて足並みをそろえる必要があります。もちろん私たち制作会社も全力で支援します。

しかし残念ながら、最近のホームページの多くは、私から見ると戦略がなさすぎます。リニューアルの依頼を受けてその会社のホームページを見て、唖然とすることがあります。なぜ、最初に意思統一をしなかったのだろうか、もっと戦略的に作成しなかったのだろうか、依頼者はどういった意図で何を売りたくて作成したのだろうか、制作会社はもっと力を入れなかったのか、この制作会社はこんなことも知らないのか・・・商売柄、このことを日々痛感しています。

「ホームページのことなんかだいたいわかっているよ！」

「会社案内のネット版でしょ。ダメダメやっぱり営業が行かなきゃ！」

その気持ちはわかります。しかし、眼を背けないで下さい。

いまあなたの会社の売上はどうなっていますか？

その原因は何でしょうか？

その原因を解消する方法を考えていますか？

私は、平成17年より10年間、毎年約60件、累計580件のホームページ制作やリニューアルなどに携わり、その9割の会社の売上を向上させてきた経験、3000件以上のホームページのアドバイスをしてきた経験より、この方法をお伝えすることが出来ます。

ホームページは売上アップだけではなく、次の悩みも解消できるツールに変化しています。

・口コミが発生しない・リピートが少ない。
・利益率が上がらない。
・成約率が低い。
・良い人材が入ってこない、社員が育たない。
・任せられず、経営者が現場を離れられない。

例えば経営者の方。ホームページを戦略的に変えることで、売上向上、経費削減はもとより、社員のモチベーションアップ、労働時間短縮、営業方法の統一、毎月の売上の平均化、良い人材の確保までできる事実をご存知ですか？

もう、ホームページは会社案内、商品紹介のツールだけには収まっていないのです。他の経費を考える前に、いますぐ新しい考え方のホームページを作っていきませんか。

最近のお客様の動きも変わってきています。皆さんは、インターネット上のあなたの会社の検索結果をご存知でしょうか？

あなたの会社に興味がある人は、業務を依頼する際、商品を買う際、サービスを頼む前に必ずインターネットであなたの会社を検索して、ホームページを見るという行動をとっています。

営業マンが何時間説明をしてもホームページを見ますし、何十年の付き合いの知り合いから口コミで紹介されても必ずホームページを見に行きます。

あなたの会社のホームページを見ていないのは、あなただけかも知れません。

「そうは言うけど、もう立派なものを持っているよ。お金もかけたし、業者に頼んだよ」

「うちのホームページを褒めてくれる人もいるよ」

「これ以上変わることはないだろう」

そう言いたい気持ちはわかります。

では、客観的に見て現状のホームページは１００点満点中何点でしょうか？

経営者、担当者の心では１００点かもしれないですが、お客様から見たら何点でしょうか？

リニューアル依頼で、今まで隠されていたこっぴどい評価を知る現場を、何度も何度も生で見ている経験からあえて言います。

きっと大半の方からは、40点にも満たないホームページと評価されています。

・入社したい人が見た求人ページがお粗末過ぎる・・・

・見積もりを依頼した会社が見た会社概要のページに書いてある代表の声に魅力を感じない・・・
・取引先の社長が見たトップページに時代錯誤なことが書いてあって苦笑・・・
・5年前に購入した既存のお客様が見て、当時と何も変わっていなかった・・・
・新商品を口コミで聞いて来たのに、聞いた商品が載っていなかった・・・
・住所も電話番号も違う、お問い合わせフォームすら動かない・・・

これが放置したホームページの結果です。

現代のネット社会では、会社の基礎となるホームページに魅力がない場合、新規のお客様だけではなく、御社を知っている人全てに対して恥をかき、売上的にも損をします。

ですから、まずは今のホームページがどれほど、無駄を誘発しているか、不利益を生んでいるのかいまここで理解して下さい。

そしてネット社会とあなたの会社のホームページとのギャップに不安を感じ、大いに焦って下さい。


ですが、その後はご安心下さい。

本書には、そんな不安をことごとく解決して、あなたの会社をネット社会に追いつかせ、勝利まで導くノウハウをこと細かく書き綴っています。

点数で言えば、売り上げアップを120点以上、社員のモチベーションアップを80点以上、会社のブランド力アップを60点以上、口コミを発生させて80点以上、求人ページを80点以上も上げるホームページを持つことを達成出来ます。

私は、どのお客様に対しても、このような高得点のホームページ作成をしてきました。ホームページ作成をきっかけに売上を変え、経営を変え、経営者と社員の人生を変えるお手伝いを全力で10年間以上ずっと続けています。

ホームページは会社やその会社で働く方の写し鏡だと思います。

ですから、本気でホームページを良くする取り組みをすると、自然と会社も良くなるのです。

その結果、今までのあなたの常識を覆す、一番儲かる広告としてのホームページ効果も知ることになります。

望月　聡

◆目次◆

はじめに……2
～売上が向上して経営が安定、さらに会社が良くなる広告って？～

第1章 「おかしい・・・最近全く広告効果が出ない・・・」5年前の売れると、いまの売れるでは何が違うのか？

1 「売れない」過去のビジネス常識を捨てよ……20
2 パソコンが上手ければ稼げた時代……23
3 パソコンが上手い人達が苦しみ、本物の経営者にチャンスが訪れた時代……25
4 どこまで相手のことを知っているか。理解されているかが重要……29
5 1番儲かる広告から目をそらしている会社VS目をそらさない会社……31
6 御社の最強の営業マンがもう一人誕生！ しかも24時間勤務!?……37

7 ホームページは生もの、賞味期限もあります!? ……39
8 更新作業=売れるではなく成約率と鮮度を長く保つ方法 ……43
9 いくら騙されるとホームページに本気になるのか? ……46
10 一度大きく失敗した人は、次は成功する可能性が高い ……50
11 検索1位でもたった40アクセス・・・アクセス解析で本質は見えない ……53
12 Googleに好かれる、検索10位以内になるサイトのヒミツ ……58
コラム1 ビジネスは人情で考えないと価格競争になる ……62

第2章 広告として機能するホームページ作りのコツ

1 大きな売上をあげる掛け算のホームページづくり ……66
2 良いホームページ制作会社の見極め ……73

3 「売れる売れる」詐欺に引っかかる……78

4 制作会社の気持ちを考えてお金を使うな！……82

5 「失敗」の勘違い？ 丸投げで丸っと食われる……84

6 自分でどこまでやればいいの？ 売れてるプロとは出会えない……88

7 1番のメリットは簡単に信頼度の高い繁盛店に見える！……93

8 公園の砂場作りがホームページの作り方で活きる！……99

第3章 検索でなく、反響率1位を目指す！ SEO対策、Google対策、PPC広告・・・最新「WEB検索」攻略術

1 売上が上がるホームページは、文章が10でデザインが1……108

2 スマートフォンサイトはここに注意！……109

3 今のスマホユーザーがチャンス……119

4 森ではなく、木。ピンポイントの検索NO1が効果を生む……120
5 PPC広告最前線―あなたに合うものはここにある……127
6 ホームページは、育てない限り反響が出ない……133
7 PPC広告を食わず嫌いではなく1度やってみてから考える……136
8 PPC広告を併用してこうして大きくなった……137
9 検索1位のSEO対策だけでは意味がない……140
コラム2 あなたはこの5年で大きく成長しました！ でも、ホームページは5年前のあなたのままでは？……145

第4章 スマートフォンサイトづくり 実践編

1 スマホサイトのメリットと将来性……150
2 指で広げて拡大が常識!? スマホ画面のワナ……154

③ スマホサイトのユーザーは、ＰＣサイトと切り替えて見ている事実……161
④ スマートフォン技術編……167
⑤ パソコンで1番クリックされて滞在率の高いページを目立つ所に……170
⑥ ＰＣもスマホもホームページは軽いほうが良い……176
⑦ ＰＣサイトとスマホサイトの切り替えはどうしているのか……180
⑧ スマホはキャッチコピーを変えてみる……182
⑨ スマホサイトが出来上がったらＱＲコードを生成する……183
⑩ スマホサイトでのＳＥＯ対策……185
コラム3 スマホサイト作成のコツ（応用編）……187

あとがき……199

第1章

「おかしい…最近全く広告効果が出ない…」
5年前の売れると、
いまの売れるでは何が違うのか？

1 「売れない」過去のビジネス常識を捨てよ

「ホームページのことなんか、よくわからないよ！」

「ダメダメ、ホームページからなんてお客さん来ないよ」

そんな経営者の方も多いと思います。

おそらく、5年くらい前まで・・・まだ情報取得が多様な時代には、それぞれが昔から行ってきた、得意なやり方で充分潤った商売はできていたでしょう。広告も新聞や雑誌、折込チラシなどに出しておけばそれなりの反響が出たかと思います。

でもここ数年、つい最近の皆さんに、こんなことが増えていませんか？

「おかしい・・・今まで通りやっているのに広告効果が出ない・・・」


そうです。この5年で広告効果には大きな変化が起きているのです。

実は、この変化のヒントは、電車の車内や喫茶店などで毎日見かけている光景にあります。

もうお気づきでしょう。雑誌や新聞を読んでいるサラリーマンが、ほとんどいないことを。

見渡すとスマホ（スマートフォン）やタブレット、ノートパソコンにのめり込んでいる大人ばかりです。会社や飲み会での話題の中心も「Yahoo!ニュース」のトップ記事になることが多くなっていませんか？

つまり、私生活でもビジネスの場においても、情報取得の媒体はほぼインターネットに頼る時代になったのです。

一番身近で費用対効果も抜群の媒体である、自社のホームページを疎かにすることは、勝ち負け以前の問題であることに気が付いて下さい。

だからといって、いまさら日進月歩の進化についていけないという経営者も多いでしょう。「勉強するのが大変・・・」「ネットでの集客のやり方がいまいちわからない・・・」「そもそも機械が苦手・・・」

いえいえ、このような考えは不要です。考え方を180度変更してください。

なぜなら、私が考える現代のホームページでの広告戦略は、経営者が技術的な部分を知る必要は全くないと思っているからです。

いままでの皆さんが行ってきた「勝利の方程式」を、どうホームページで行うか？　これが大事なのです。

繰り返しますが、経営者の皆さんが今まで、血と汗で培ってきた成功法則は間違っていません。単に、表現する媒体がホームページなどのネットに変わるだけなのです。

ですが、ネットの普及に伴いホームページの戦略も日々変わってきています。
かつてはパソコンの上手い人が、ホームページを作るだけで売れました。どこの業者が作成しても、経営者が自ら作成しても、そこそこの売上を簡単に上げることが出来ていたのです。その理由は単純、ライバルが少なかったからです。

一昔前の話に置き換えて言うと、タウンページ（電話帳）に、電話番号を大きく載せるだけで、たくさんのお問合せの電話がかかってきました。お客様が企業を探す手段がなかったからこそ、ただ電話番号を大きく表示するというアイデアだけで事足りたのです。

そこに企業の特色なんて要りません。
お客様の心のなかに「日本の企業はどこでもしっかりとやってくれるもの、さらにＮＴＴの電話帳に載っているのだから、良い会社である」と脳に刷りこまれていました。

それは5年以上前のホームページも同じです。
多くのホームページが、電話帳に載せる広告同様に、一般的な住所と企業情報だけでした。自社のカタログに書いてあることが、ホームページに書いてあるだけ。9割以上のホームページが、インターネット上にあるだけで売れると勘違いして作成していた時代です。

2 パソコンが上手ければ稼げた時代

その中で売れていた人達は、ちょっとパソコンの上手い人。

「電話帳で文字を大きくする」と同じ発想で、「ＳＥＯという上位表示をするための対策」をして、他社より少しだけ目立つように特色を出していました。それだけで売れていった良い時代です。

お客様の検索する手段も単純で、とにかく上位表示の会社から順に見ていきます。上位表示さえしていればたくさん売れ、お問合せがドンドン入っていました。

さらに、Googleなどの検索エンジンを騙すようなノウハウも出まわっており、お金さえ払えば上位表示ができました。不正をすればするほど上位表示されて儲かる・・・。まさに、商売ではなくパソコンが上手い人が売上を上げられるような仕組みになっていたのです。

商売を真面目に考えていた人ほど、インターネットで商売をすることが苦手な正直者ほど、馬鹿を見る時代でした。

現実社会で何も持っていない人でも、パソコンが上手いだけで、開業したばかりの会社にもかかわらず、創業100年の老舗のようなことを書いて、お客様を騙しながら荒稼ぎしました。実際には実績のない会社でもインターネット上では、大きく立派に見せることができるからです。

かたや伝統ある、立派な老舗企業ほど、ネット戦略への出足が遅くホームページを軽視していました。

「とりあえず作ればいいだろう」、その程度の考えで、何もわからずホームページ業者に丸投げすることが多かったのです。

その結果、写真ばかり派手で、文章といえば企業情報があるだけの中身の薄い、閲覧者（ホームページを見る方）に何の感情も生まれないホームページが次々と出来上がります。

こうした状況下で、皮肉にもパソコンの上手い人が作成したページは、情報量があり、老舗企業より魅力的な、見た人に感動を与えるほどのホームページにどんどん進化していきました。

なぜなら、パソコンが上手い人は、実績もなく資金に乏しいベンチャーの方が多く、ホームページ業者に丸投げをするお金がないため、勉強して、自分で作り、日々試行錯誤しながら文章を書くしかなかったからです。

それを見て心を動かしたお客様から、信頼を得られて依頼が殺到するという流れが5年前までのホームページです。

3 パソコンが上手い人達が苦しみ、本物の経営者にチャンスが訪れた時代

しかしながら、いま当時の手法は通用しません。

5年たった今全てが変わってきています。

まず、お客様の検索する能力が上がっていますし、本物と偽物を見極められるようになりました。

また、Googleのインターネット上での環境整備も大きく発展しているために、検索するワードも多様になり、かなり深いところまで、自分でたどり着けるようになっています。

かつて大儲けした人達が転換期の波に乗り遅れ、まったく稼げなくなっています。

パソコンのうまい人達は、誰もライバルがいないからこそ、売上が大きく上がっていました。

しかし、今ではインターネット上でも人を選ぶ時代となりました。

・ホームページを通して第一印象を決める。
・ホームページを通して信頼ができる人かを見極める。
・ホームページは、お客様にとって「企業の分身」であるという認識が生まれているのです。

特に最後の「企業の分身」を作る行為がうまく行った人ほど、売れるサイトができています。分身を作成するのに、パソコンスキルなど必要ありません。大きなキーワードでの検索上位など関係ありません。

なぜなら、それは経営者が今まで血と汗で培ってきた、普変の魅力、本物の経験だからです。

これがあれば、どんなに低い順位にいても、お客様の検索スキルが上がっているので見つけてくれます。検索結果に頼らなくても、8割の既存のお客様が分身を見てくれれば注文は増えます。

分身を作る上で必要な物は、ありのままのあなた自身だけです。

企業の歩みとあなたが培ってきた歩みだけ。言うならば、これからのホームページで求められるものは、今までの「通知表」です。

学校では通知表の結果が良ければ、褒められて評価されます。毎日の頑張りの結晶となります。ホームページでも同じです。

まず、企業は通知表を作ることで「評価」という土台に上がることができます。

次に、その土台であなたの分身が高評価されれば、必ず周りから応援される企業になっていきます。そしてその応援は売上アップにつながっていきます。

誰もが通知表の中身を知りたい！　これがインターネットの世界で繰り広げられているビジネスの流れです。


人生の通知表を作成するのに、パソコンのスキルなどいりません。流行りの販売テクニックもいりません。技術的進歩、日進月歩という言葉も必要ありません。あなた自身を認めてもらえる土台を作れば良いだけです。

例えるなら、昭和のビジネス。近所の人から好かれる。口コミで紹介される。地域で1番愛される会社で無ければ良い企業にはなれませんでした。

時代はバブル崩壊を経て、長い不景気を越え、今ではまたアベノミクス効果で活況になっています。

そして、ビジネスもまた昔の商売の形が戻ってきました。ただ、そのフィールドが大きくなって地域にとどまらず、日本中、あわや世界中に広がっているのです。

日本人の気質はいまも昔も変わりません。真面目で人に優しい民族です。インターネットが成長すればするほど、この概念が崩れると思いきや、更に結束が高まっている傾向に感じます。

そう考えると、今後のインターネットはテクニックより、昔でいうところの地域の井戸端会議をどう制するかにかかっていると言えないでしょうか。

私は、大分に本拠地を構えていることもあり、首都圏、関西圏をはじめ、全国各地域に多く出張しますが、最近現場でこのことを強く感じます。


実は、皆さんの会社が、いまホームページで売れていなければラッキーです。ホームページ無しで会社を運営できているという証です。

それは、地域やお客様に愛されているからです。その愛されている範囲を少し広くするだけで商売はもっとうまく行きます。

その方法は、あなたの会社（事業）が生きてきた証と愛された証を形にするだけです。

頑張っていることを一度洗い出して、等身大の分身を作り上げていくだけで売れます。

「いや、うちは新聞広告とか、地元のＴＶ局にＣＭうってそれで十分反響出ているからね」

いいえ、新聞や広告だけで直接問合せをされている方は、この時代もうほとんどいないでしょう。紙面を見たお客様が次に何をするか？

その答えは、ネットで検索して、あなたの会社のホームページをわざわざ見に来るのです。そして情報を得て、取捨選択してから問合せをしている方がほとんどでしょう。

つまり、ホームページに力を入れていない会社は、その何倍もの見込み客がいるわけです。もったいないと思いませんか？

いま、本物の経営者にチャンスが訪れています。だからこそ、今一度ホームページのあり方を考え、前向きに取り組んで欲しいと願うのです。

4 どこまで相手のことを知っているか。理解されているかが重要

あなたの会社について、断片的に知っているお客様と、9割以上知ってくるお客様でしたらどちらが良いでしょうか。営業マンの対応時間と成約率で考えても、すべてを知ってきてくれるほうが良いのは言うまでもありません。

つまり、自社のことを知られていれば、知られているほど説明が要らなくなります。知られるためには、情報をたくさん書いて、お客様に最初から納得してもらえる仕組み作りが大切です。

ホームページではその点、お客様が自主的に（悪く言えば徹底的に）調べてきますので、提案の仕方が全く変わってきます。

調べ尽くした挙句、それでも問合せをされてきているのです。簡単に言えば、知りたいと思う情報に対して、答えてあげるだけで商品が売れていきます。

言葉は悪いですがお問合せに来ている状態でカモがネギを背負っている状態です。自発的に来るお客様は、神様どころか、あなたの会社のファンだと思って下さい。

だからこそ、先程も書きました営業マンの時間の節約で費用対効果が高いのです。

また、チラシと違い実物は不要です。お客様自らがホームページへやってきて、営業トークを見てくれるのです。電車やバスの中でも、食事中でもスマホから営業トークを読んでくれます。

ネット時代のビジネスは、結局のところ、どこまで相手のことを知ってくるのか、信用して問い合わせてくるのかが一番重要な問題となります。

チラシではできないことをホームページではできる。営業方法が「攻め」から、「待ち」に変わり根っからの営業マンには少しもどかしいでしょうが、その分お客様の信頼を得られます。

ホームページには、1度訪問すると、そこでセキ止めをさせる利点もあります。例えば、また訪問したくなるように、毎日、毎週、毎月何か新しい情報を入れるようにするなどです。

また、興味のある方は何か足跡（問い合わせのメールやメルマガ購読など）を残してくれるので、新商品やキャンペーン時に自然と営業アプローチをかけることも出来ます。

新聞に連続して広告を打つ・・・などに比べ、広告費の削減にもつながります。

5 1番儲かる広告から目をそらしている会社 VS 目をそらさない会社

ホームページを駆使している会社と、駆使していない会社の1番の違いは売上の利益構成です。

単純に言えば、損して得取れの考え方です。

ホームページは作成した当初にお金はかかりますが、その効果は平均して5年間くらい持つものとなります。

1年目の初期投資はある程度お金がかかりますが、設備投資と思えば安いものかと思います。

良い物が出来上がれば、その後2年、3年とそのままの状態で、お店のファンが増えりピート客が多くなります。つまり、雪だるま式に売上が増えていくこととなります。
基本的には成約率も落ちずに、5年間位は状況維持が出来るようになります。

最初に手を抜いて安価に作成した結果、1年目から成約率が低い場合は、5年経っても低いままです。

「だんだんアクセスが上がって売上も上がっていきます!」というのは業者の決まり文句です。次にいう言葉は「じゃあ、もっと売上を上げるために○○を試しましょう!」と追加料金を請求してくるでしょう。

だからこそ、いかに開設当初から成約率の高いサイトを作成出来るかが鍵となります。成約率とは100人来て何人購入するかで計ることができます。業界では、1%を超えるようなサイトが作成できれば大成功と言われています。

私の会社で作成するものは、基本的に1%を超えるサイトが出来上がっております。ホームページを作成することでのリピート率のアップ、紹介の増加を入れると、成約率はさらに高いものになっています。後ほど事例を紹介していきますのでご覧下さい。

実は、1%を超えるサイトの構築自体は簡単ですが、問題はその手段です。安売りをして企業を疲れさせたり、嘘を書いて1%を超えたとしても、5年間は持ちません。

正しい形で1％を超えるようなサイトを作成してこそ、長続きするサイトとなります。そして、1％ではなく、1・5％の成約率が、最初に出来上がれば、5年間成約率が0・5％も上がります。

たかが0・5％ですが、100人中1・5人が購入することとなります。1000人で言えば、5人も増える結果となります。この成約率を握っているのは制作する側の人間となります。

どこまで引き出すかで、会社の命運が変わってきます。成約率0の会社と1・5％の会社1000人来た時に、15人も差がでてしまいます。

このような重要な広告に関して、目をそらしている会社と目をそらしていない会社では、営業マンの仕事自体が全く違うものとなります。

一方は、会社パンフレットを握り締めつつ、飛び込み営業をして怒鳴られる。一方は契約書を前に、笑顔で来たお客様にこちらも笑顔で最後の確認をしている。営業マンの眼の色も違います。

お客様が来るたびに、一から説明して契約までに何回もやりとりを続ける会社。買う気満々のお客様が来るため30分で成約する会社。

どちらのほうが活き活きとした営業マンとなり、どちらが3日で辞めるかは、一目瞭然です。

お客様が来るたびに「あなたの会社は良い会社ですね！」「この新商品はここがいい！」と言ってくれる。自分たちが言わなければいけないことを、お客様が先に知ってくれている環境ができていれば、スタッフは会社に対して誇りを持てます。

私の会社でも同じで、経営者の私がいくら褒めても効きませんが、お客様から言われるとやりがいに変わり、お客様のためになって率先して動くようになります。

それは、自分たちが大切にされるような仕組みがホームページで出来ているからです。ホームページに一番辛く、時間がかかることを肩代わりさせて、営業マンはお客様から好かれるように作っているからです。

企業がかけるホームページへの情熱は求人活動にも大きく作用します。本物のサイトを作成すれば、広告など出さずとも「絶対この会社で働きたい！」という方が出てきます。

先日私が作成したひょうたん温泉のサイトをみて、その作りに感動した新卒の子がWEBデザイナーで当社に就職することを決意しました。

大分の出身で、ひょうたん温泉のホームページを見て実際に行き感動をしました。このような職業があるならやってみたいと思い、様々なWEB会社の就職先を探していたら、

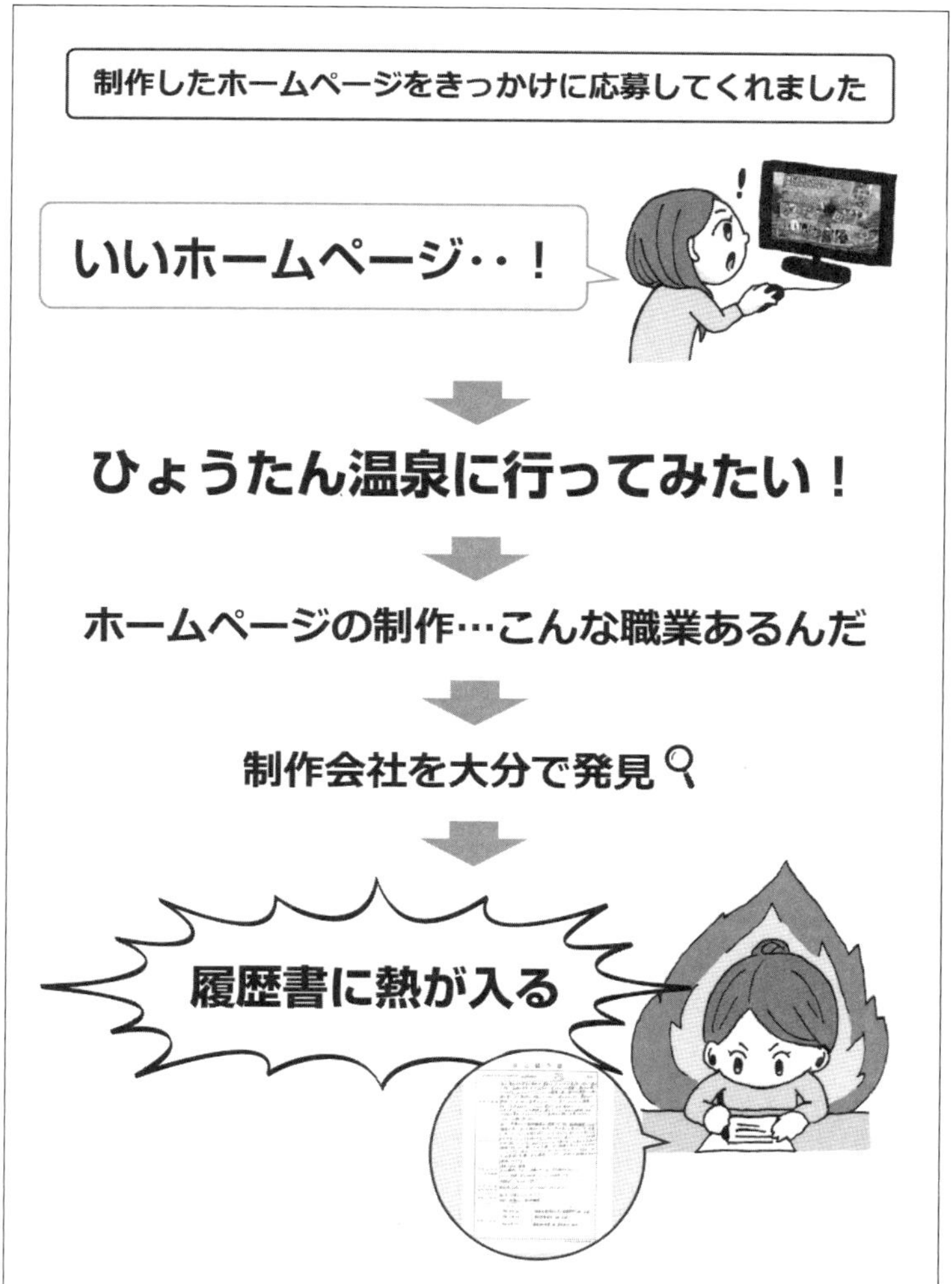

情熱のある求人への応募例

私の会社の実績でひょうたん温泉のサイトを見つけて、ここに絶対に入社したいと決めたそうです。

応募を見て驚いたのは、なんとその子は、私が運営するブログ、毎月お客様に送っている手描きのニュースレターも全て読み、ひょうたん温泉の感想から、作成した多くの実績を全ての感想を書いて送ってきたことです。


当社は大々的に求人広告なんて出していません。正直、新卒を取るような求人活動費を捻出することができません。ハローワークに出すことだけで精いっぱいです。

しかし、積極的な求人活動を行っていないのに、ここまで情熱的な子が来るなんて嬉しくて感動しました。自分たちが作っているものは間違っていなかった。なにより、働いているスタッフの心が動きました。

新卒の子の意識も変えて、当社が一番いいと言ってくれる。ホームページが無ければ絶対に起きないことでした。

会社に良いスパイラルが生まれて、そのスパイラルが社員やお客様にも浸透していく。ここまで影響力があるホームページですから、目を向けて作成をしてほしいと思います。

目を向ければ向けるほど、人が喜ぶ会社が出来上がります。

6 御社の最強の営業マンがもう一人誕生！しかも24時間勤務!?

あなたの会社の最強の営業マンが、8割しっかりと説明をして、あとの2割の説明を他の営業マンがしてクロージングしたらどうなりますでしょうか。当然、今の成約率をはるかに大きく上回るでしょう。

では、もしその営業マンが24時間眠らずに働けばどうなりますか？

営業マンを10人雇い教育をすることは出来ます。しかし、一人ひとりの営業の方法は独特で均一化を計ることは難しいです。ダメなスタッフも成績の良いスタッフも出てきます。当然、営業研修も時間が取られて、さらに新規開拓は、足で稼ぐのか、テレアポをするのか。ダメな人は辞めていくという、なんともスポ根マンガのような情景が目に浮かび上がります。

そもそも10人の営業マンを雇わなければ、毎月200万円以上の固定費が浮きます。

その一月分の固定費で、最強の営業マンのノウハウを注ぎ込んだホームページを作りこみ、いわば最強の営業マンの分身を作ってみて下さい。

24時間どころか365日不眠不休の最強の営業マンになります。

すると、他の営業マンにも良い影響が出てきます。今まで飛び込み営業をやっていたのが、インターネットという場所から勝手に問い合わせが来るようになります。

当然、最強の営業マンの分身を閲覧した人が来ますので、お客様はこの会社は信頼出来る会社であることをもうわかっています。ですので、クロージングの手前でお問合せをしてくる確率が大きくなります。

さらなるメリットとして、営業方法の統一が取れ、毎月の売上にムラがなくなります。

全営業マンは、最強の営業マンである分身のホームページを見ているので、どうすればお客様が納得してくれるのかも文章で把握することが出来ます。あとは流れに任せて、担当した各営業マンがクロージングをしていくだけです。

実際、私達は電話のみで受注しており、契約後にしかクライアント様に会いに行きません。

また、私の会社では誰でも正式な見積りを作成することができます。それはホームページに全てのことが書いてあるからです。

全部を覚えなくても、お客様が困ったことは、一緒にページを見ながら説明をしてあげることが可能です。

一緒にページを見ながら説明をすることで、相手の理解が深まり、どんどんと話が進む結果となります。営業が上手いも下手も、ホームページに書いてあることがしっかりとしていれば、誰もが最強の営業マンと同じ受け答えかつ、接客をすることができます。

営業の均一化と最強の営業マンが24時間お客様の相手をしてくれる、それがホームページの潜在能力です。

せっかく優秀な営業マンがあなたの会社にはいらっしゃいますので、そのノウハウを24時間眠らせない形にして活躍してもらいましょう。

7 ホームページは生もの、賞味期限もあります!?

多くの企業のホームページは、だいたい5年間でリニューアルされています。

売れない方も売れる方も大体5年経つとリニューアルしようかという気持ちになるようで、私どもの会社にもこの時期のご依頼が多いです。

この5年間という期間は、会社の状況が5年前と変わっているから、変更したいというお客様が多いようです。

多くは「業務内容が変わったから」「新しい事業をするから」「ホームページが他社と比べて古くなったから」「ほかは売れているホームページを持っているから」そんな理由で「ホームページもそろそろ再度力を入れよう」と考えられるのでしょう。

私の考えでは、食品と同じように、ホームページにも賞味期限があり、変化に応じて手を入れていきます。

しかし、売れていない会社は、5年というより、1年目から賞味期限が切れていますので、いつリニューアルしようが関係ない話です。

「1年前に作ったホームページで150万円かかった。効果は見えなかったので、今度は効果の高いものがほしい。御社の見積りはいくらですか」という問合せがよくあります。

ご依頼を受け、ホームページをじっくり拝見し、スタッフとも協議した結果、「だいたい同じくらいです」と答えたところ、「えっ。1年前にリニューアルして150万円払ったんですよ!! なぜ、また同じくらいかかるんですか。そんなにホームページに払えるわけ無いでしょう。ちょっとは真剣に話を聞いて下さい!」そんな風に言われます。

これは見当違いです。他社で作成したものが効果なかったので、効果が出るようにリニューアルしたいと言う相談なのに、なぜ、同じくらいの金額で高いというのでしょうか。

例えば、以前効果のなかったチラシや広告の原稿を他の媒体に出そうと思いますか?

広告を知っている方なら必ずデザインやコピーから作り直すでしょう。

それと同じで、作成した当初から賞味期限が切れているものを、中途半端なお金を出して作りなおしても焼け石に水です。相手のことを想って伝えているのですが、言えば言うほど私の方が焼け石に水の状態で怒られる始末です。

最初のホームページの効果のなさから「また、騙される？」という恐怖心がそう言わせるのでしょうが、今のダメなホームページから反響を生み売上につなげるには、実際に0からの大変な検証作業が必要です。かえって、なにもない状態の方が作業は楽なのです。

それはなぜかというと、なぜ最初から効果が出なかったのか？　少しは反響が出たのか？　どういった反響が出たのか？　どういった対応をしたのか・・・など全てを明白にしていかなければいけません。

これが、経営者と担当者と広報でそれぞれ言うことが違ったり、よく覚えていなかったり、担当が辞めていたり・・・と、相当な労力が必要です。

1と0とでは大きな違いです。売れている形跡があれば、そこを強化すれば反響を出すことができます。全くないなら、構築自体が間違っています。反響があったのに売上につながらないなら、ホームページ自体でなく、そもそも担当者の対応や能力の問題かも知れません。

では、ホームページをリニューアルした先にどんなメリットが待っているか？

まず、本書で紹介する企業の通知表のリニューアルをすれば、反響が高く、お客様から理解され、売上の上がるものに変更できるのです。

そして、年々減少していく成約率も、更新により新しい要素を取り入れると、開設当初のＭＡＸの値近くまで回復します。

さらに最近出た新商品やこの５年間の売れ筋商品にスポットを当てて、今まで以上に売上を伸ばすことができます。

ホームページでうまく行った経営者の方ならわかるかと思いますが、これだけでも初期費用と同じ金額をかける価値があると思いませんか？


ホームページは生ものであり、賞味期限もあります。時代と共に力が衰えていき、やがて朽ちていくことを忘れないでください。

特に、昨今の目まぐるしいほどの新ツールの開発、新機軸の普及は私たち業界側でも苦戦しているほどです。

５年前に、ここまでスマホが普及すると思いましたか？　LINEなんて誰も知らなかったではありませんか？　今では双方ともビジネス現場で必須の要素となっていますが。

8 更新作業＝売れるではなく成約率と鮮度を長く保つ方法

ブログやTwitterへの書き込みなど、ホームページの更新作業を行う大きな意味はお客様の購入の後押しのためです。

お客様は全員が一度で即決するわけではありません。中には何度もホームページを見て決める方もいます。

そのため「この会社は毎日頑張っているよ」というシグナルを送ることで見ているお客様との信頼関係を築く必要があります。

例えば、日々の業務やお客様の声、実績をソーシャルメディアによって紹介するだけで、想像以上に信頼をつかめていきます。

そして更新作業というのは、この程度、その他は必要ありません。

その理由は、成約率を高める情報というのは日々変わるものではないからです。だからこそ、1度決められた成約率は変わらないのです。

人の心は喜怒哀楽しかありませんから、その商品を購入する気持ちは、喜怒哀楽のみで判断して購入に至ります。明日になって、5つ目の感情が増えることはありません。

インターネットでテレビを購入したい人の感情は明日も1年後も、1年前も同じ感情です。売れないということは、見込み客の喜怒哀楽に対して、購入したいという心のハードルを超えていないからです。

では、新商品のテレビが出たときはどうでしょうか。賞味期限を伸ばすためには更新が必要です。

お客様が気になるページは、どこになるのでしょうか。会社概要、製品の保証、取り付けについて、どういった企業なのか、人によっては「私達がこのテレビに力を入れている理由」などのページを見たいと思っています。

お客様はその商品がほしいわけではなく。自分にあったテレビがほしいのです。「この店だったら、テレビに詳しいから私に合うテレビが見つかるかもしれない」お客様にそう思ってもらわなければいけません。

ここでまた1つの分岐点があります。ただ商品を売るのか、「その人から買いたい！」と思わせるのか。どちらが企業として発展できるでしょうか。今後の営業活動から言ってどちらの労力が楽でしょうか。答えは簡単で、後者の「その人から買いたい！」のほうが圧倒的に楽です。

商品をただ売るだけ、だれもが扱える商品であれば、価格や、保障の充実の勝負で、相手より上をいかなければいけません。当然、利益は薄くなります。

そうなりますと、新商品が出るたびにWEBページの充実化が必要となってきます。薄利多売にも関わらず、WEBリニューアルにも配送業務にも手がかかり、お金が残りません。

もう一方の「その人から買いたい」戦略でしたら、それらの競争には巻き込まれません。「ホームページに沢山のテレビがあるけど、どれがいいのかわからない。任せるから、相談に乗ってもらっていいかな」といった流れになりますと、新商品ページの作りこみは必要なく、扱っているだけでお問合せが来るようになります。ホームページ上であっても皆さん人が恋しいのです。

このように人を売るのかモノを売るのかでWEBの手間も変わってきます。

最初の作り込みの時に、「私達がテレビに力を入れている理由」といった、自分たちを特徴づけるページがない場合で何かを売り込む時は、新製品の販売ページに力を入れなければいけません。さらには、価格も下げないと売れないという負の連鎖となります。

更新しないと売れないと思うのは、当初にバシッとした売れるホームページができていないからです。だからこそ、依頼者の気休めと業者の言い訳で更新作業を進めるのです。

賞味期限は切れたものは切れたままです。欠陥だから追加がいる。しかし、欠陥は埋まらないので、安売りに走るしかないのです。

良いホームページは3～5年は放置していても売れていきます。私のホームページは、実績のみ変更して7年放置していましたが、それでも毎日お見積もりは来ていました。しっかりとしたものを作成すると賞味期限はとても長くなります（2014年に8年ぶりにリニューアルをしました）。

しかし、特殊なケースも有ります。売れすぎると賞味期限が短くなります。それは売り上げが大きく上がってしまうと、他社がこぞって真似をして来るためです。

自然の流れですが、真似をされて競争過多となります。しかし、所詮は二番煎じですので、さらに良いものを作成すれば問題ありません。

9 いくら騙されるとホームページに本気になるのか？

この本を読んでいる方は勉強家なので絶対に成功すると思いますが、なぜか勉強しなくてもホームページは売れるという勘違いをしている方も多いです。

「担当がダメだった」「デザインがダメだった」「今の制作会社はダメだから、今度の会社に・・・」

お見積りをして、「120万円？　ダメダメ。30万円！　おー、それはいいね。前回は5万円だったし、リース契約なんて最高ですね。毎月の売上で返せばいいんだ。よし！　頼もう！　オタクに丸投げ!!」こんな経営者も多いのです。

金額で選ぶのは悪いことではありません。しかし、費用対効果が出れば良いというような、ドライな発想ですとホームページは失敗します。

また、「オタクに100万円も払うんだから、月の売上は100万円を保証できるよね？？」このような頼み方をする方がいます。

正直な話、協力がない状況で保証なんてできません。どんな商売だってリスクはつきものです。高額なTVCMや新聞広告だってそんな保証はしてくれないでしょう。

こんな経営者の方がいるから、依頼を受けたは良いですが、作成後に100万円売上を毎月上げなければ怒られるのですから、「どうせ怒られるなら、とりあえず作るだけ作って、振り込んでもらい、後はうまくお客様を騙そう」そう考える業者がいても不思議ではありません。

業者ってそんなものです。自分の利益しか考えていないものです。

自分のことを一番に考え、すぐに逃げるWEB業者の業界では、食い物にされてしまいますので、くれぐれもお気をつけ下さい。

なぜ高いのか、安いのか理解してから頼むことが先決です。

「素人だからわからないし、パソコンが苦手だからな〜」そう思った経営者は、1回目と同じ失敗をすることとなります。

しかし、それをくぐり抜けている人達がいます。おおよそ150万円〜200万円ほど使い業者に騙されてきた人達です。そのくらいの金額になると、経営者はホームページに対して本気になるようです。

そんな人だけが成功している事実を考えると、とてつもなく狭き門です。

では、200万円騙された人が一番気にして成功する人に変わったきっかけはなんでしょうか。

なぜそのような金額がかかるのか。どんなものが出来上がるのかを想像できる人になっているだけです。

それから200万円使うと、このような本を読み出します。

私は著書を4冊出しておりますが、読んだ方は「なぜ最初に読まなかったのか後悔して

Googleで『大分・整体』と検索をした例

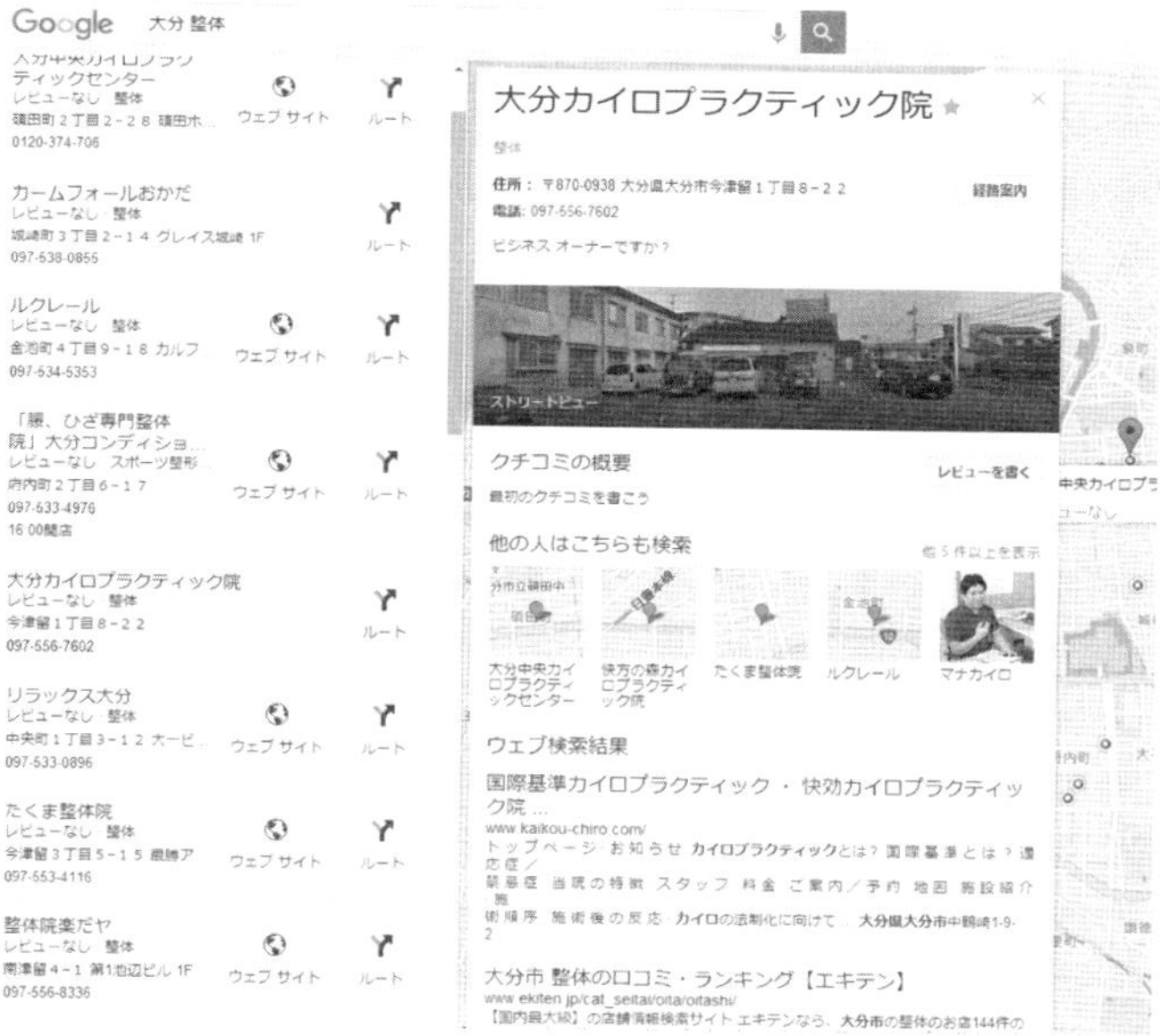

このようにホームページを持っていない会社でも、検索から会社に関する場所や電話番号などの基本的な情報を知ることが出来ます。

だからこそ

業者へ丸投げの当たり障りのないホームページではもったいない！！！

「自社情報　掲載ページ」Google＋の例

います」という方もいます。

ですので、本書を読んでくださっている読者の方は、早い段階でリアルな現実を知ることが出来ているので、やるやらないは別としてラッキーなのかもしれません。

実際、成功するためには、２００万円も使わなくていいのです。本書を読んで、なぜお金がかかるのかを理解すれば大丈夫です。

適正な費用の中に成功があります。２００万円払っても20万円くらいで作成出来るホームページを持っている方もいます。お金をかければいいわけではありません。

お金をかけなくても、最強の営業マンが作成すれば売れるものは無料でできます。どこにお金がかかるのかを理解できる目を持ちましょう。

今はホームページがない会社でもGoogleが勝手に作ってくれていたりします。

10 一度大きく失敗した人は、次は成功する可能性が高い

ホームページでの広告効果に期待したいのなら、中途半端な制作は絶対にやめましょう。

そして徹底的にやるからにはそれなりの金額がかかることは覚悟してください。

1度目で少ししかお金をかけなかった人は、2度目も失敗する可能性が高いと思います。だから、ホームページの威力に少しでも半信半疑だった場合は作成しないほうが得策です。自分が理解していないものには、理解するまで業者に問い合わせましょう。業者の人間性もわかってきます。

わからないものにはお金を出せないというのも一つの決断です。無いと困るものではありません。多くのホームページが開店休業中の現実があります。

古くなってきたからリニューアルすると、次回のリニューアルのタイミング（約5年間）まで飾り物となる傾向が高いです。

私に依頼されてきたお客様で、5回失敗してきた人がいます。合計400万円使っていました。全部お問い合せはありませんでした。

私のところに頼んできた時も同じ頼み方で、勉強しない、話を聞かないため、お断りしました。そうすると、勉強するから作って欲しいと書籍を読んで頂けました。

私も「その気持ちがあるのなら・・・」と、60万円の費用でなんとかリニューアルしました。

すると、その心意気に応えるかのように、ついに6回目にして大成功をしました。ホームページだけで、なんと、年間2400万円も売上が上がったそうです。

しかも、それが4年間も続きました。金額として約1億円。その間に更新はしていません。

しかし、4年後にお問い合わせがパタリと0になりました。調べてみると他社が真似したようです。私は、リニューアルを勧めましたが、お金がないので難しいという話です。60万円が総額9600万円の売上になったのにも関わらず「お金がない」とは・・・。

正直60万円でリニューアルをすることはできません。他社にマネをされているので、それを超えるためには少なく見積もっても、120万円ほど必要なことを伝えました。

しかし、費用がないので、また最初のように60万円で何とかできないのかと聞いてきました。

申し訳ないのですが、お断りしました。ホームページの存在や私たちの苦労をいとも簡単に忘れる方では、2度目も約1億円の売上の恩人にまけてくれとは・・・。おかしな話ですよね。しかし、このようなことはしばしばあります。

ラクをしてホームページの厳しさをあまり理解しないで、作成依頼して売上げを上げたお客様は、その後の成功を潰してしまいます。

良い時にホームページにもっとお金をかけていれば、会社はもっと発展していたと感じます。

このお客様は現在もお悩み中ですが、人は喉元すぎればなんとやらで忘れてしまうものです。

もしも、読者の方がホームページでうまくいったなら、このような悲しい事例を増やさないように、きちんとホームページを可愛がって欲しいです。

自分を育ててくれた両親のように、その存在にいつも敬意を称して欲しいものです。

そうすれば、少なくとも売上が急降下という状況にはならないでしょう。

11 検索1位でもたった40アクセス・・・アクセス解析で本質は見えない

この項目では実践的なことではなく、ネット上の検索エンジンを司る、Ｇｏｏｇｌｅの最新の仕組み、企業事情などを理解していただこうと思います。

Googleの考え方を知った後の方が、遥かに効率よくＳＥＯ対策ができるからです。

未だに「検索の上位に表示されなければ意味が無い」と考えている方達がいます。最近では化石化している、儲けていない初心者な人たちの思考です。

突き抜ければ、儲けている人達もいますが、以前のように上位表示していれば売れるという時代が変わってきたということをご理解ください。

なぜそんなことが言えるのかというと、私は「ホームページ制作」というキーワードで1位を獲得しております（2014年11月から2015年12月現在継続中）その時に毎日来たアクセス数はさて何件だったかといえば、1日40アクセスです（1日40件の問合せではありません）。

ホームページ制作で日本一になったのに・・・たった、40アクセスです。

「ホームページ作成」でも1位になったこともあります。アクセスはほぼ変わらず50アクセスです、泣けますよね・・・。

検索上位のために、どのくらい情熱を注いだのかわかりませんが、突き止めてみた結果がこれです。

達成してみてわかることがあります。現在はGoogle自体が多くキーワードをユーザーに検索させるように分散している動きもあります。

くわえて検索するユーザー自体が、細部のキーワードで最初から検索するようにもなっていますので、大きなキーワードで1位を狙っても昔ほどの効果と意味がありません。

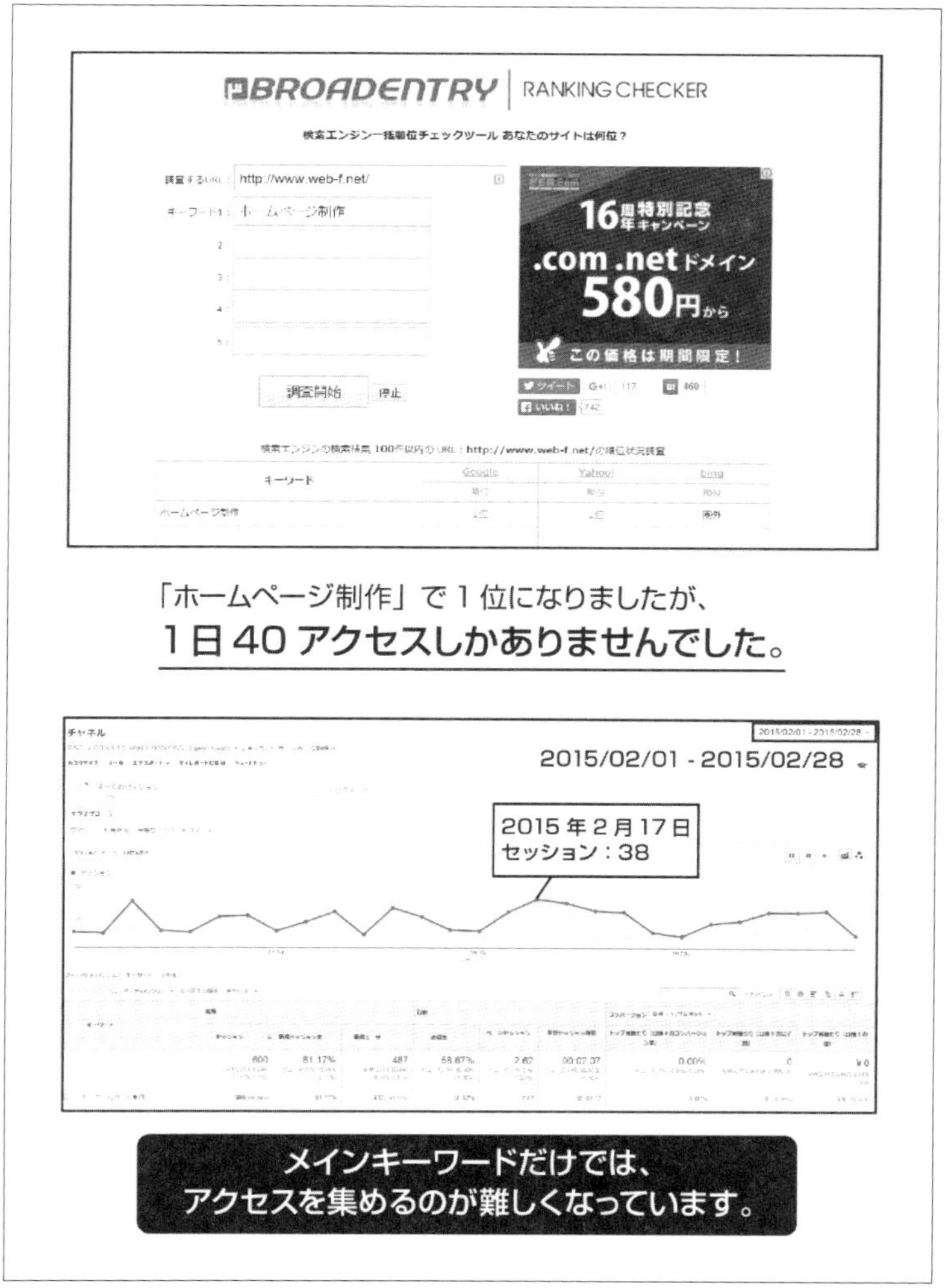

「Google検索1位」でもたった40アクセスの現実

例えば「ダイエット」という大きなキーワードではなくて、「脂肪燃焼　ジョギング」といったキーワードで検索するというようなことです。

その結果、小さなキーワードを狙って多くのキーワードでスパイダー的に上位表示したほうが遥かに効果を得られます。

このノウハウは後ほど紹介しますが、まずは1位になっても費用対効果が合わないことが多いことを理解して下さい。


ここからはわかりやすく、最新のSEO（検索上位）の説明を、ショッピングモールに例えて話をします。検索結果の10位以内に入るためには必ず必要な知識となり、全てのSEOの基礎となりますので参考にしていただきたいです。

買物をするために、ショッピングモールに遊びに行くとします。様々な買い物をしようとしている中、すべての店舗がユニクロだったらあなたはどう思いますでしょうか。

ユニクロ好きな人がいるかもしれませんので、すべての店舗がルィヴィトンだったらどうでしょうか。正直ショッピングモールとしての面白さはないと思います。

ショッピングモールと言ったら、やっぱり高い店も安い店も、個性のある店もあるからこそ人が集まるのです。

検索エンジン結果も同じです。ホームページ制作会社により、アクセスが上がるように作成した、画一的なものばかりが並ぶと見ているお客様はまったく面白くありません。どれをクリックしても、どのサイトを見てもほとんど同じことが書いてある。これといった違いがわかるのは価格のみ。検索結果が面白く無いと、お客様はインターネットを信用しないどころか、使用すらしなくなります。当然、お客様のGoogle離れが起きてきます。

そうなると、Googleの企業価値が下がってしまいます。お客様に必要のない企業となれば、Google株式会社の株価も下がってしまいます。

上位表示＝検索結果が楽しいもの＝Googleの株価が上がる

つまり、人が集まっているホームページをGoogleは上げたいと考えています（基本的にはどの検索エンジンも同じです）。その結果、他社と違うものがあり、使いやすいサイトが上位表示されていくようになったのです。

現在では、スパム行為（ズルい検索上位取得）で、検索順位を上げているサイトを見つけると一気にランキング外の圏外まで落とされてしまうようなことが起きます。Google警察が見回りをしているのです。

そのような行為が見つかると、Googleからの信頼がなくなり、そのホームページやドメインを使えなくなりますのでお気をつけ下さい。

12 Googleに好かれる、検索10位以内になるサイトのヒミツ

では、どのようなサイトがGoogleに好まれるのかをお伝えします。

10位以内に入るサイトの内訳は、流行りやトレンドを反映しているもの、お客様想いの老舗企業、新しい勢いのある会社、少し個性の強い会社、大手企業、中小企業、お役立ち情報ばかり載せている非営利サイト、このような形で構成されています。

大手ばかりがずっと並ぶような、流行りばかりが並ぶような偏りをなくして多くの検索結果がこのように程よく分散されています。

各ジャンルの1位が見ているお客様のニーズに応えているわけです。ですので、ご自身が属している属性でＮｏ・１にならなければ1位になりにくい状況となっています。

この件から、一辺倒なホームページを作成しても、売れない＋検索上位さえもできないことがお分かりと思います。この検索エンジンの流れは3年前から変わっていません。

でも実際の話、以前のズルいＳＥＯをしている会社を一気にインターネットから排除し

てしまいますと、正直Googleが困ってしまいます。
それは、検索してもまったく検索結果が出ないキーワードが生まれてしまうからです。
ですので、正しい企業を見つけた時にスパム行為をしている企業を追放して真面目な企業と入れ替えるという仕組みを作っています。

入れ替えがあまり行われていないキーワードの場合、1位の会社がスパムをしているということもありますが、まだ入れ替えが行われていないだけでGoogleが排除したいと思っている会社になるので、当然この1位の会社のスパムを真似ても上位表示することはできません。

結局のところ、見ているお客様が喜ぶサイトを作ることで評価されます。さらには、SEOという言葉を忘れた時に上がる傾向にあります。

具体的にはホームページの回遊率を高くすることで、良いサイトとGoogleが認識してくれるようになります。

Googleエンジンがそこまで知能が高いのかという話もありますが、さすがに検索エンジンのことだけを最新のテクノロジーで10年間も研究していれば、ちょっとした人間がかなわないくらい精度は高いですので、裏をかいてやろうというような考え方は絶対にやめてほしいと思います。コンクリートに頭突きをするのと同じ行為です。もしかしたらヒビが入るかもしれませんが戦うだけ無意味な行為です。

ではどのようにして、売れるサイトを作成していくのかといいますと、答えは現場に落ちています。アクセス解析をいくら綺麗にしても、売上が上がらないのは実証済みです。お問い合わせに来た電話内容とお客様の対応で見ないと失敗してしまいます。実は、私はアクセス解析を基本的に見ません。数値がいいのに、売れないサイトなんてたくさんあることを知っているからです。

逆に、数値が悪いのに、売れているサイトもたくさんあります。お客様の動きと心の動きがお問合せに来た段階でどこを不満に思っているかは話を聞くことで理解できるからです。その部分を解消して、うまく手離れがよく売上につなげられる売れるサイトを作ることこそが本当のＳＥＯになっています。これがGoogleも喜ぶサイトとなります。お客様が目当ての会社を探せればこそ、Googleの評価が上がるというものです。

例えば、御社にもし、電話でホームページのここが見にくいと言われた部分があれば、明日にでもすぐに直したほうが良いです。それこそが、順位を下げる原因でもあり、売上を下げている原因でもあります。

さらには、わざわざ電話してくるのですから、よっぽどでしょう。

つまり、他の方も不満に思っている可能性が大です。

そうやって、一つずつ問題を解消したサイトは回遊率が高くなり、滞在率も上がり、成約率も上がっていきます。すると、アクセス解析の数値の結果も意図せずに良くなっていきます。

現場を見て変更するのか、アクセス解析だけを見て変更するのか、これは大きな違いです。

さて、1章では、ホームページがいかに優れた広告媒体か？　ということをお話してきました。

しかし、本書の役割はあくまでも概論ではなく、実際にあなたの会社のホームページでの広告効果、売上向上を目指す実践書となっています。

2章からは、売れるホームページ作りの流れ、そしてあなたの会社のホームページを一緒に見直していくことから始めましょう。

実は、ＳＥＯ対策より先にやることはたくさんあります。

コラム1

ビジネスは人情で考えないと価格競争になる

ビジネスで長い期間成功するためには、テクニックやノウハウと共に、人情も大きな要素となってきます。

一瞬で大きく儲けて、あっという間に消えていく経営者と違い、ホンダの本田宗一郎さん、パナソニックの松下幸之助さん、海外ではアップル社のスティーブ・ジョブズなど・・・名だたる経営者の方は、その心意気も本当に粋な人たちでした。

だからこそ、社内だけでなく、相手先、ユーザーであるお客さんたちから「ホンダの車、アップルの製品なら、値段なんて関係ない！」と、損得抜きで誰にも愛される会社となっていったのです。

例えば、納期に間に合わないとしても、より良いものを作るため遅れているケースがあります。

お客様のためにやっているということを伝えると、お客様は待ってくれたり、応援してくれたりします。しかし、まだ出来ていません・・・としか言わなければ、お客様は怒ってしまいます。

「実は、出来上がったのですが、納得がいかなくて全てやり直しています」こんな風に正直に伝えることだけで、お客様は味方になるのです。やはり伝え方は非常に大切です。

安くすればお客様は喜びますが、これは一番頭を使わない方法です。安売りほど頭を使わない方法はありません。

安くすれば買ってくれるだろう・・・、たまに見かけますが、常に閉店セールをしている店があります。

「いつもセールしていて、いつが本当なのかしら」と、信頼をなくす結果につながります。

最近とあるスーパーで、本来は100個のところ、間違って1000個入荷してしまったというトラブルがありました。「私のミスではありますが、このままではクビになるかもしれませんので購入に来て下さい」という内容をFacebookとツイッターで流したら、本当に1日で1000個のシュークリームが売れたというケースがありました。

これが、「1000個間違えて入荷してしまいました。半額にしますので購入お願いします」という話でしたらきっと1000個の完売はなかったでしょう。

安売りで動く動機より、困ったときには人を助ける。ひたむきに頑張っている人に対して動くケースのほうが日本人は特に多いです。

「半額」と「クビになる」

そう、言葉を1つ変えただけで、商品は倍以上も売上が変わるのです。その後の結果も変わります。

お客様は「次回はいつ半額になるのか」と考えますし、「半額でも利益が出ているのなら定価で買うことが馬鹿らしくなる。違う甘いモノを購入しよう」となっても不思議ではありません。

こうして、多くの方が食べて美味しいはずのシュークリームのリピート率さえも悪化してしまうのです。

最悪は、「1000個わざと注文して来店目的だったのではないのか。あの会社はやりそうだ」という変な憶測まで立てられたりしてしまうケースも有ります。

お客様を馬鹿にした結果、賢いお客様が店側を馬鹿にするケースに成り代わってしまうのです。

では、一方の「クビになるかもしれませんので購入に来て下さい」と言った店では、シュークリームのことよりも、A君を助けることができた。A君とはどんなやつなのか。なぜミスをしたのか。1000個売れた後は店長からどんな待遇を受けたのか・・・。

A君に関心を抱いた結果、その店までも気になり出します。

「またミスをしたら応援してあげよう」というような感情まで生まれる方もいらっしゃいます。


A君と仲良くなったお客様はその後、お店で会話をするようになるでしょう。そして、そのスーパーの常連になるかもしれません。

このように一見集客には結びつかないような出来事でも、客足の伸びにつながっていることもあるのです。

人は知っている人の店に行きたがります。知らない店より、知っている店のほうがストレスは少なくて、感覚的に居心地がいいからです。


言葉１つで、言い訳１つで、１０００個の完売から次の展望までが変わってくるのです。この状況を見てみると、頭を使って人間心理を変えていくことがどれほどの影響力があるのかわかると思います。

人情を出せば、相手も人情で応えてくれる。人情を出さずに、お客様を見ずに価格だけを見ると、お客様も価格だけで返してくる。

商売は、与えれば与えるほど返ってくるものです。

自分がお客様に対してできること、やっていることを書き出すだけでも、親近感を感じ、ファンはどんどん増えていくのです。

第2章

広告として機能するホームページ作りのコツ

1 大きな売上をあげる掛け算のホームページづくり

さて、本章では実際に私が行うホームページ作りを例に、本当に売れるホームページの考え方をご説明していきます。

ホームページは事務的なものという考え方をする人がとても多いです。そのため総務や事務の女性が担当になることがあります。

または、最近入社した若い人たちをホームページ担当にして「この子達を育てて」と、人材育成目当てでの依頼もあります。全くの素人任せでは売れるわけがありません。

そこで、その会社とお付き合いするか？　その会社が本気で取り組むか？　を知るために、私は最初にひとつ簡単な質問をしています。

「あなたの会社がお客様から好かれている理由は、どういったところでしょうか」

営業をしたこともない方達に聞いても、答えられるはずがなく、「営業に聞いてきます」と言って下さるのですが、営業マンにそんな優しい人などおらず、総務や新人の若い子に時間を取ってもらえるはずがなく、「営業の方が忙しいので聞けませんでした」という返答を頂く場合がほとんどです。

結局「とりあえず良い物を作成して下さい」というような漠然とした依頼を請けて、最終的には「こんなはずではなかった」と、ホームページ業者が悪者になるというケースが多くなります。

ですので、私は最初の答えを聞いた時点でお断りしています。

ホームページは売れるために持つものです。しかし、担当次第で売れないものが出来るのは当然です。

もっと、あなたの会社の良さや商品の良さを盛り込みたい・・・そう思っても、あまりうるさく相手を突っついてしまいますと、煙たがられたり、または納期に遅れが出てしまいます。

しかたなく、適当なところで終わらせて納品をすると、「全然売上が上がらないんだけど、どういうこと？」と部長や社長クラスが出てきて、ひどい言葉で怒られます。

反論をしても聞く耳持たずに、「ワシはホームページのことがわからん。だから頼んだ。自動販売機になるんだろう」と、開き直られてしまいます。

もし、あなたの会社の自動販売機がなにもないところからできるなら、日本全国の企業はお金持ちです。しかし、せっかく作成したホームページですので、どうすれば業者に頼まなくても売れるようになるのか伝えたいです。それは、文章を全て、売れる人が書き直すことです。売れるようになります。

営業トークがつまらないからこそ、売れていないのです。営業トークが面白ければ、魅力的であればどんな商品だって売れていきます。

そう考えますと、ホームページを売れるために持つのでしたら、文章のチェックは全て社長や売れている営業マンが監修をしたほうが良いです。

出来上がったホームページで、文章だけを変更すれば売れていきます。見ているお客様を楽しませるだけで売れていきます。

最初に売れている文章があれば、デザインもそれと同じくらい訴求力を持てるものになります。面白くない文章でデザインをすれば面白くないデザインが出来上がります。

だから、大きな売り上げをあげるホームページには、次の公式が当てはまります。

文章力×デザイン力×アクセス×戦略＝大きな売上

完璧の鉄板営業の文章ができた時から、ホームページはスタートするべきです。

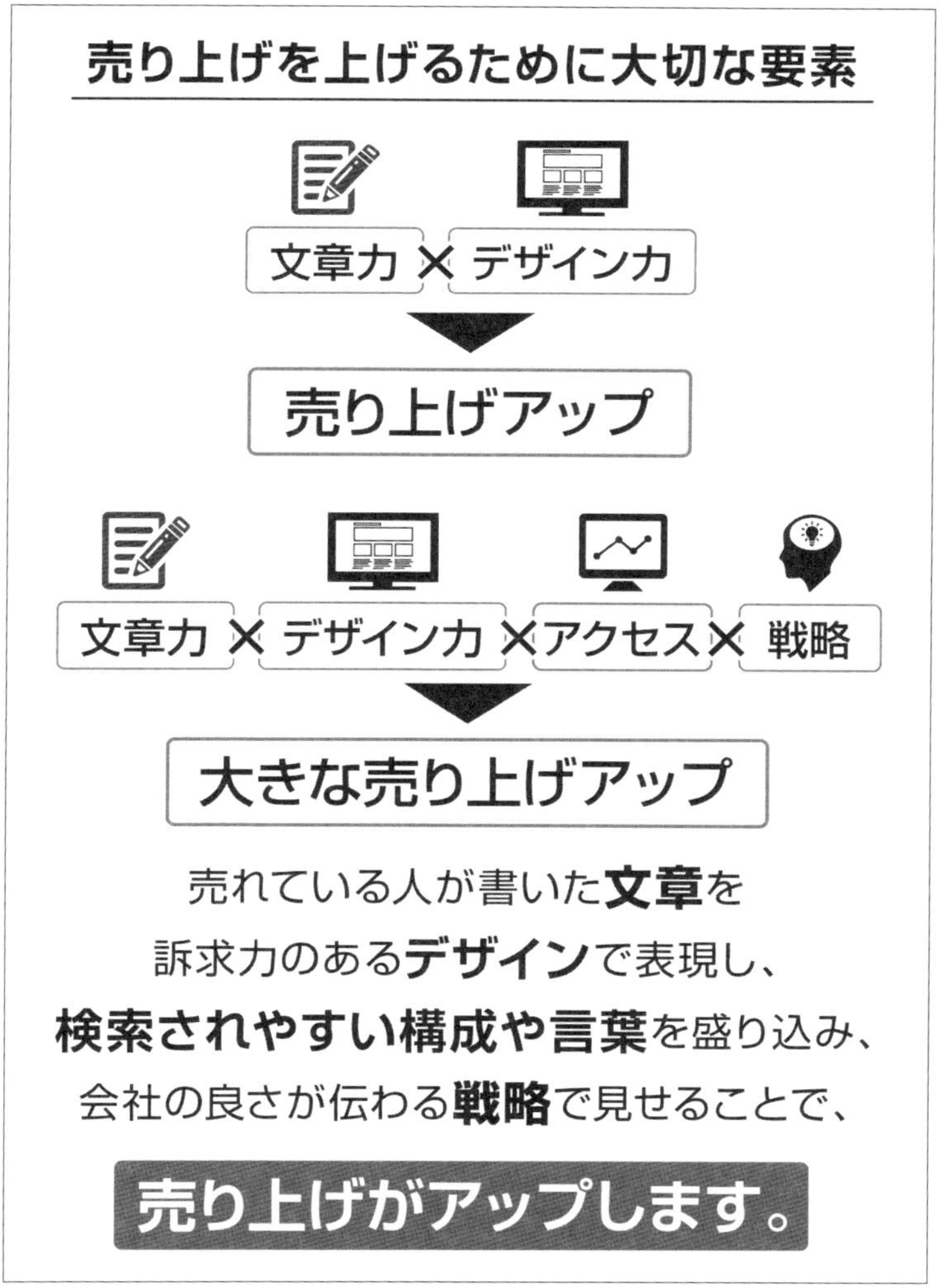
売り上げを上げるために大切な要素
文章力 × デザイン力
売り上げアップ
文章力 × デザイン力 × アクセス × 戦略
大きな売り上げアップ
売れている人が書いた文章を
訴求力のあるデザインで表現し、
検索されやすい構成や言葉を盛り込み、
会社の良さが伝わる戦略で見せることで、
売り上げがアップします。

大きな売上をあげる掛け算のホームページづくり

そう考えると、最初から社長が考えた方が費用対効果も高いですよね。

文章次第で、自動販売機の売上が変わるのですから、売れたいなら文章に力を入れたほうが得策となります。

たとえ文章が下手でもいいのです。口がうまい営業マンがトップセールスマンとは限りません。


下手でも売ることがうまい人は多くいます。にじみ出るものがあるのです。そのにじみ出る一切れのかけら、片鱗だけでも見せて頂ければ文章の広がりが見えてきます。

結局のところ、深い言葉さえ出れば上辺の言葉を使用しなくて良くなります。

1. お客様を大切にしている。
2. お客さまのサポートを最低10年保証する
3. お客様の人生が変わるお手伝いをする。

1~3番まで言葉を出したのですが、3番が一番深い言葉となります。

深い言葉を作ることによると、1番と2番は簡単に使うことができます。しかし、1番の言葉だけですと2番と3番の言葉は出てきません。1番より浅い言葉しか出てきません。

例えば、「費用を安くします」「顧客満足度を高めています」「営業が一丸となって大切にしています」などです。

3番の言葉が出てしまえば、安売りという言葉は出てきません。「今日より明日の暮らしが楽になる」「結果を出すまで付き合える関係を作り上げます」など深い言葉は、その付近にある言葉を引き寄せてきます。

この深い言葉の片鱗が出てくれれば、より良いホームページが出来上がります。

1. お客様を大切にしている。
2. お客様の人生が変わるお手伝いをする。

この言葉だけでホームページのデザインをしてくださいと言われると、2番のほうが重みのあるお客様に響くものができます。言葉上でもそうですが、デザイン上でも同じ効果を発揮します。

この深い言葉が出れば出るほど、ホームページで成功する確率が高くなります。深いということは、つまり一番出にくい言葉です。これが出てしまえば後は簡単なものです。

私が作成する時には、この1番奥底にある言葉を作ることに多くの時間をかけます。言葉が出れば、後の結果を見なくても成功します。上流さえよければ、下流は勝手に流れていきます。

言葉ひとつですが、ホームページのすべてが決まります。その言葉を出す時だけでも、ホームページ作りに参加してあげることができれば、売れるに近づくホームページが出来上がります。

それには、パソコンが詳しいとか、詳しくないとか関係ありません。しかし、その言葉が出れば企業は大きく成長することができます。

・なんとなくお客様に対して思っていたことが、具現化して社員全てに対して周知できる。
・営業でも使えるようになる。
・お客様の前ではその言葉に沿った対応をしなければいけなくなる。

こうして、どうやっていいのかわからなかったものが、1つの言葉を通して浸透していきます。指標ができるからこそ、企業が大きく成長していきます。

その言葉で作成したホームページは確実にみんなの心の中に指標として残るようになります。そうやって一致団結していき良いものとなります。

上辺だけでホームページは作ることができません。理念を掲げたところで売上の上がるものはできません。

実際に社長やトップ営業マンがやっていることを具現化するからこそ良いものが出来上がるのです。

2 良いホームページ制作会社の見極め

ホームページ会社をどのように考えていますでしょうか。ただの下請け業者。対等な企業関係。友達。親友。家族。とても大切な人。

ホームページ会社ごときに、なぜそこまで敬意を称さなければいけないのか。ただの下請け業者としか思っていない。と考えるのが普通だと思います。

人間社会の法則として、あなたが思っている関係は、相手もそう思っている関係となっていることが多いです。相手を下請けや奴隷と勘違いして、お金を払っている方が偉いという概念でしたら、相手も心の中ではそう思われていても不思議ではありません。

例えば、家を購入する時は、設計図や出来上がりイメージがあるため、手を抜かれたとしても屋根裏だったり壁の中だけだったりします。正直手を抜かれるとまずい部分ですが、デザインの場合は家よりももっとまずい状態となります。

最近では、またマンション業者などの手抜き工事が問題となっています。業者の見極めは非常に重要です。


第一前提として、契約前にラフを出してくる会社は、正直やめておいたほうが良いと思います。それはなぜかといいますと、先ほどの項目でも言いましたが、会社を理解してより深い言葉を出してから作成した方が、よいデザインができてきます。文章を見て、デザインをしてもらった方が遥かに売れる物ができます。

最初の段階でデザインを持って来ることができるのは、そのデザインが他社で使う予定だったものかもしれません。

あなたの会社の良さを引き出さなければ、売れるものは出来上がりません。依頼者は素人ですので、どのデザインも同じものだと勘違いします。

例として、何度も作り直す、誠意あるホームページ製作過程をご覧下さい（当社例）

正直、3回目のデザインをお客様に見せるだけでOKをもらえます。30回目までやり直すのは、お客様が好きだからやっているだけです。

自分のデザインの限界を見せてあげたい。3回目のデザインの成約率は、0・3%かも

3回目

バックに作業風景、お客様との写真、情報を載せて、地域に密着した雰囲気を出そうとしていますが、どことなくよそよそしい。

10回目

お客様と一緒に歩く姿を出して、より親密感をアップしました。
でも、情報が足りなくなりました。

30回目

キャッチコピーも短くまとめてお客様との写真も移動。開いたスペースに情報も入り、お客様に対する思いや親密感と売りになる情報を両立させました。出したいこと、伝えたいことをどうすればうまく伝えられるのか、何度も何度もやり直した末にやっと辿りつけました。

妥協せずに納得いくまでやり直すので
売れるに近づきます！

複数回の検討によりつくられていくホームページづくり

知れません。30回目のデザインは成約率が2％になりました。

私達が頑張るだけで、5年間の成約率が変わるのです。さらには、3回目以降お客様は私に指示ができません。どうすればもっと良くなるのかの答えをお客様自身が持っていないのです。

手を抜くなんて簡単すぎます。お客様がOKを言うラインで終わらせるのは簡単なことです。これがデザインの仕事です。

だからこそ、最初に提案されたデザインはお客様には良いか悪いかなんてわからないところの線を狙って持ってきている業者も多いです。

最低限お客様がOKを言うライン・・・それは成約率の著しく低いホームページです。市場に出回っているホームページのほとんどがそういったものです。

これを回避するためには、自分が知識をつけるか、ホームページ業者を信頼して大切な人と思うしかありません。

どこまでやるかは自由なのです。この話はトップページだけの話です。その他のページのデザインも、何回やり直すかで成約率が大きく変わってきます。

5ページ作るのでしたら、5ページ全てに何度やり直しをして、全力を尽くしてもらえるかが重要となります。

デザインだけの話でそれですから、写真撮影の角度のこだわり、文章を全て書き直してくれるか、売れる文章にヒアリングをしてくれるのか。
このようにホームページほど、全てどこまでやるか決まっていないものはありません。「手を抜こう」「もうやめよう」と思った瞬間にやめられるのです。お客様には、わからない箇所です。

300万円のリース契約のホームページは、おおよそ相場価格で20万円くらいです。最初から長く付き合う気持ちのない業者だとそうなります。

怒られておけば収まるのがホームページです。お金を払った方が弱くなるのです。ホームページ業者はリピートを得るためのチャンスは一度しかありません。作成したホームページで儲かったかどうかです。

儲かれば、当然5年後に同じ会社でもう1回作成をします。儲からなければ2度と同じ会社で作りません。

単純明快な仕組みです。だからこそ、毎回真剣勝負をしなければいけない業種でもあります。そういった関係性を築くためには、奴隷や下請け業者のように見ていると痛い目をみます。

どこまでもやってくれる人であれば成約率が高いホームページができる。その人の能力限界まで引き出してくれる。すべての人がプロの意識を持っているわけではありません。

サボりたい人が圧倒的に多いのも人間です。

自分のデザインをしたいだけ。または相手の売り上げを気にするより、自分のところの売り上げを気にするものです。手を抜けば、抜くほど目先のお金が転がってくるのですから、人間弱いものなので仕方ないです。

だからこそ、「あの人のために良いデザインをするぞ！」という気持ちにさせるような関係を築いておくと、損をしません。

そして、成功しやすいホームページが出来上がります。うるさいお客様が来たら、「また来たからそこそこのデザインでいいんじゃないかな」なんて社内で言われないようにしていきましょう！

3 「売れる売れる」詐欺に引っかかる

ホームページは何のために作るのでしょうか。多くの方が広告宣伝ツールとして、売れるために持つのではないでしょうか。私も「売れる」ために持つものだと思います。

だからこそ、ホームページ業者からの営業の電話をとった瞬間から「御社のホームページを売れるようにします」どのホームページ会社のホームページを見ても、「売れるように変えます。何％アップします」と言われるのだと思います。

どの業者も一辺倒に「売れる」という言葉を使っているので、何が正しくて何が正しくないのかわかりません。

お客様にヒットする言葉が「売れる」というキーワードですが、この「売れる」を鵜呑みにしてしまうと大変なことが起きてしまいます。

「売れる」という言葉には、自分たちが売ったという言葉と、お客様の努力で勝手に売れたというものがあります。別にそのホームページ会社が作成しなくても、「売れる」企業は勝手に売れていきます。

しかし、鬼の首を取ったように１００個の中の1件をピックアップして、「私達が制作した会社さんが大きな売上を上げました。では、インタビューをしていますのでホームページを見て下さい！」と、残りの99件の企業の失敗談は置いておき、大々的に書いているところもあります。

まず、ホームページで売れるのは基本的に１００発１００中でなければいけません。

その中で、大きく「売れる」のか小さく「売れる」のかは別として、お問い合わせのくるホームページを作れなければ、お客様はお金を払う意味が無いと考えます。成約率が０％の物を制作するくらいでしたら、ホームページは持たないほうが良いです。

さらには、先程も書きましたが実社会ではお客様が来ているのでしたら、ホームページからの集客ができていないことがおかしいのです。

その成功事例は、本当にその会社が作成したから売れたのかどうかを見極めて下さい。

良い商品や良い会社でしたら勝手に売れた可能性があります。お客様はついつい同じ業種での成功事例を見せてもらってしまうと「私の会社もそうなる！」と勘違いして依頼をします。

また、お客様からの問い合わせで、「この業種は手掛けた実績がありますか？」という全く的外れな質問もあります。「売れる」情報はお客様の心の奥底に持っていますので、実績がなくてもうまくヒアリングをすることで業種は関係なく売れます。

当然、制作する時に業界について勉強しますが、お客様の気持ちになって自分が作成したホームページでお客様が増えれば、何の問題もないと感じています。

他業種で成功した方法を取り入れて、その業種ではまだ展開していない仕組みを組み込めば多くの場合は売れていきます。

成功した実績が本当なのかは、ホームページの実績に載っている会社に電話をするしかないと思います。

「売れる」ホームページを作る会社は継続して作れています。

そのような会社は、失敗する確率は基本的にかなり少ないのです。失敗しないような工程がしっかりと出来ています。

商売をしている人で悪い人はあまりいません。皆さんお客様に優しく接しています。その内面を引き出して作れば自ずと売れます。

だからこそ、「売れる売れる！」と言ってくる業者を相手しないで下さい。そんなに売れるのでしたら、「作らせてあげるから注文が入った時にお金を支払うよ」というような、条件で制作をしてもよいと思います。

商売は水物です。軽々しく「売れる」と宣伝し、あなたの会社を知らないのに、人生さえも変わるホームページを自分のお金欲しさで作成するような営業マンには作らせないで下さい。

人生を共に出来るような人に依頼をして、5年以上付き合っていける、企業がある限り付き合っていける関係になりましょう。

ホームページさえ加速すれば、企業の成長が加速し、社員が楽になる様になっていきます。

4 制作会社の気持ちを考えてお金を使うな！

ホームページを依頼をした時には、お金の払い方に気を付けて下さい。最初に一括払いは本当にやめたほうが良いと思います。

ホームページは企画構成が最初の段階、その次に文章作成、トップデザイン、その他のデザイン（セカンドデザイン）、ＨＴＭＬの組み込み作業、ＳＥＯ（検索上位対策）、最後に納品チェックを経てホームページの公開となります。

この期間が長いところでは、３ヶ月や４ヶ月、半年のところもあります。

金額を一括で払ってしまいますと、最初の頃はバリバリと働きます。しかし、中盤や終わりに近づいてくると、早く終わらせたい衝動にかられて手を抜くようになってきます。きっちり終わらせても、手を抜いて終わらせても、お金をもらっているのでリスクがありません。相手を怒らせても、納品できなくてもお金をもらっているので安心です。怒られておけばいいからです。

しかし、最後のお金をもらっていなければ、相手を怒らせること自体がとてつもない損失となりえます。「もう顔も見たくないから、ホームページも使わないから最後の金は払わない！」このようなケースに発展する恐れが出てきます。

つまるところ、ホームページは「どこまでやらなければいけないのか？」というものがありませんので、依頼者がOKと言わなければ最後まで納品をすることができません。

だからこそ、人を見て頼まないと苦労します。良い人でも悪い人でも関係なく、お金は最後に渡すようにしておきましょう。もし不具合があったとしても、最後の入金の前に言えば、「これをやって、支払いしてもらえるならやっておこう」という気持ちになります。

この最後の作業で、売れないホームページも「売れる」に変わる可能性もあります。

トラブルが起きやすいのは、95％以上完成して、「あと1日やれば納品！」という最終段階に傾向が見られます。あと1日やれば、お金が入ってくる。これを使わないと言われれば、今まで尽くしてきた時間が無駄になる。あと1日が、あと3日に増えたとしても、納品が出来る方を取りに行きます。先に払っている場合は、妥協か追加費用を請求されることもあります。

くれぐれも制作会社の人が良い人だから、「全て先に払っておこう」というような気持ちはやめて下さい。制作完了した頃には、最初に入金したお金はなくなっており、次のお客様に気持ちがシフトしている場合もあります。極力最後のお金はとっておきながら、付き合っていただけると良いホームページが出来る傾向にありますのでお勧めです。

私自身も、最後にやる気が無くなるかもしれませんので、お互いのためですから、制作前と納品後の分割にして下さい」と頼むケースが多いです。

ホームページ業者も人間ですから、気をつけて欲しい部分だと思います。最初は元気が良かったけれど、後になって逃げたという困った話も聞きますので、ご注意下さい。

5 「失敗」の勘違い？ 丸投げで丸っと食われる

ホームページはお客様を映し出す鏡です。まったく注文がないホームページもありますが、来てほしくないお客様を寄せ付けているホームページもあります。

お問い合わせは嬉しいのですが、成約に結びにくいお客様がきて営業マンが四苦八苦するようなものもあります。

また、金額が低くないと成約してくれないお客様がたくさん来てしまうと、そこの会社の社長さん曰く、「この業界はこの金額が精一杯。これ以上、上の金額で出しても購入してくれない！」という嘆きの声をいただくこともあります。

左ページの会社のホームページをご覧ください。

キャッチコピーの変更だけで印象が変わった例

お金をかけなくても、キャッチコピーを一つ変更しただけで、印象がガラリと変わりませんか？　最初の方は、他社と特色がなく判断がつかないため、お客様も金額重視できてしまいます。

変更後は、金額重視というよりは信頼できるから依頼する、というお客様の層に変えられます。ホームページという上流工程で、お客様の流れを変えられれば、来るお客様の層も変わるのです。

この事例を知らない経営者で、業界自体に嫌気をさして「もうやっていくのは無理だ」と、業務の縮小をした方がいます。なんて勿体無いことでしょうか。

相談されたのは、新規のビジネスの件でしたが、「既存のビジネスに再度チャレンジして下さい。とっておきの戦略がありますから！」と伝えて、大分まで呼び、この本の内容を伝えて、気持ちの入れ替えをしてもらいました。

すると、「私が全て間違っていた。まだこの業界でやっていける。なんて今まで勿体無いことをしていたのだろうか！」と心の底から気づかれました。

ホームページを丸投げして、自分でも頑張っていた方なのですが、視野がとても狭くなっていました。

たった1つのキャッチコピーを変更するだけで、来るお客様が変わっていきました。その変化に気がついて、ホームページの内容がどんどん変わり、理想としていたお客様が来店をしてくれるようになりました。

丸投げで業者に作成してもらったホームページでも、会社全体がその色となります。また経営者の心の中も、「この業種はもうダメなんだ」という発想になっていきます。

こちらのお客様は、毎年3000万円も広告費を使用して、年間の家賃は4000万円ほど使っていた飛ぶ鳥を落とすような方でした。

私と出会ったのは7年前で調子が良かったのですが、今回は苦しい経営の中、最後の頼みで依頼を受けました。

そのくらい大きな経営者でも、ホームページ1つに人生を左右されて、業界の動向さえもわからなくなります。ですから、お客様にとってのホームページは、あなたの今の姿を映す鏡となります。

あなたはもっと素晴らしい方だと思います。分身であるホームページを見つめ直して、あなたの業界に対して新しい目をお持ち下さい。

きっともっと素晴らしいお客様がインターネット上にあふれています。まずは、自分自身が輝く鏡でしっかりと映るようにキャッチコピーの変更だけでもしていきましょう。

6 自分でどこまでやればいいの？売れてるプロとは出会えない

実はお金をかけずに経営者が売れるホームページを作っているケースも多いものです。左のホームページをご覧下さい。以前、私が配っていたテンプレートを駆使して作成しているホームページです。売り上げは高いです。

「えっ、このデザインで売上が高いのですか？」と思うかもしれませんが、安定してお問合せの来るホームページです。

その黄金のデザインのヒミツは「3カラム」と呼ばれるデザイン比率にあります。

私たちは多くのホームページ制作やリニューアルを請け負ってきましたが、この3カラムのデザインほど、如実に売上が上がるものはありませんでした。

数多くのホームページを見てきましたが、素人でもかなり高い確率で結果が出るホームページが3カラムのホームページです。

次ページの図解をご覧下さい。正直、私自身この3カラムからホームページをリニュー

3カラムで売上げの高いデザイン

大阪の歯科医院様

名古屋のエクステリア会社様

3カラムのホームページ例

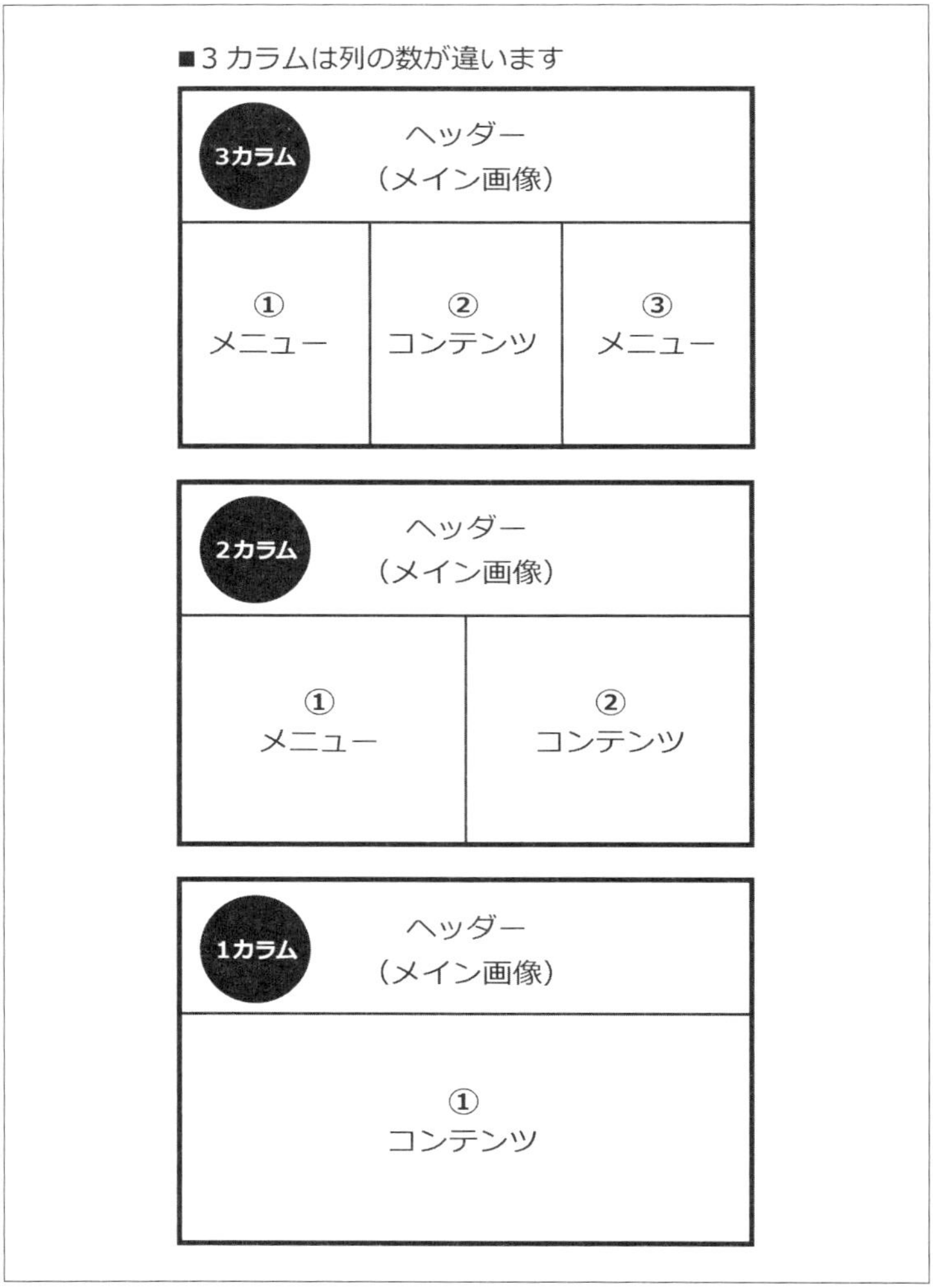

図解・3カラムのホームページ構成

アルする時が一番難航しています。

つまり、「2週間で素人が作ったサイトを、プロが半年かけてリニューアルしても勝てない」ことがあるくらい3カラムは訴求力があるのです。

これはまだ3カラムの威力を知る前の苦い失敗談です。

実はこの3カラムのホームページのお客様から「さらに売上を上げたい!」とリニューアルのご依頼を受けたことがあります。

そこで私たちは次ページのような1カラムのホームページにリニューアルをしてみました。

結果は、ここまでデザイン+時間をかけて戦略を練ったのに全く売れませんでした。

素人から見れば、確実に良いデザインのほうが売れると思いますよね。

デザインで成功をおさめていた、当時の私たちから見てもそうだと思ったのです。しかし結果は惨敗。

当然、依頼者の方もリニューアル後のほうが売れると思っています。しかし、売れない。ただ見た目が綺麗なだけのホームページは、本当に売れないという事実がわかると思います。

ちなみに、現在では再度デザインをやり直し、戦略を変え、キャッチコピーを変えたこ

■名古屋のエクステリア会社様

リニューアル前（３カラム）

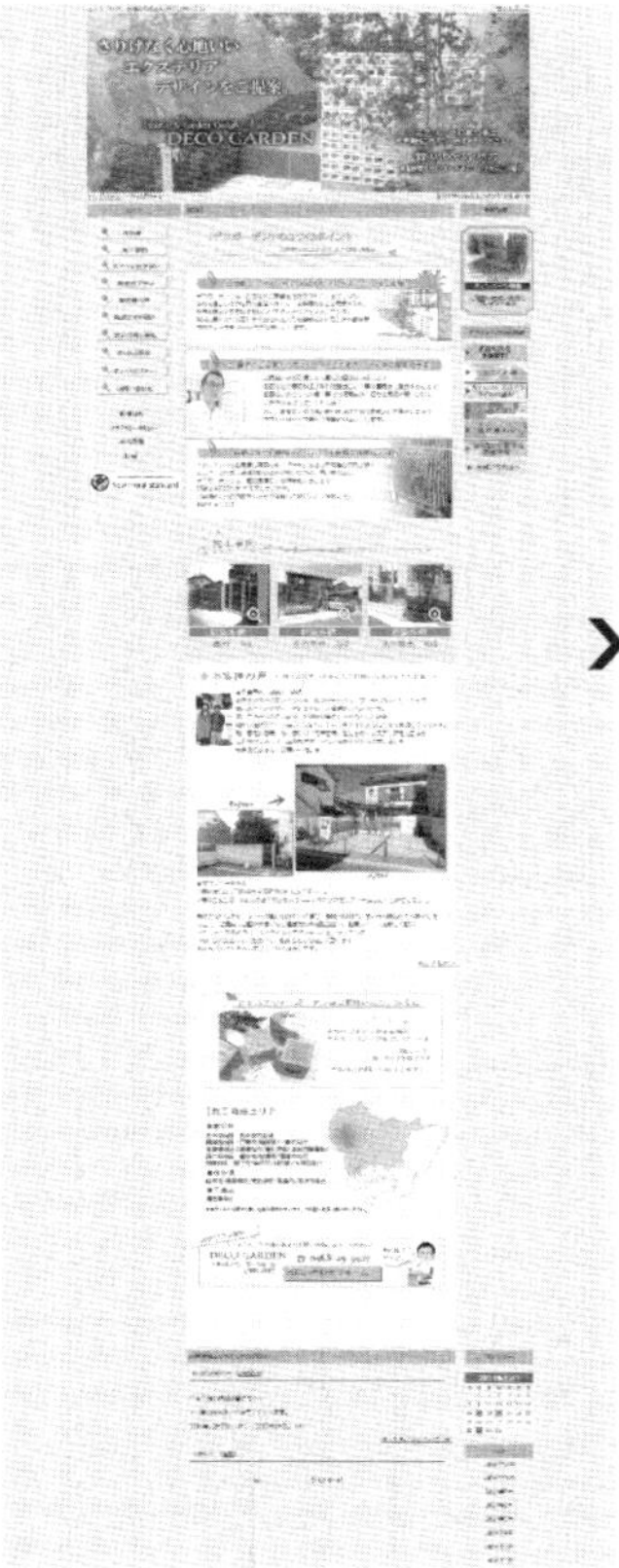

リニューアル後（１カラム）

３カラムの場合、真ん中のコンテンツが文章主体でも、左右にものがあることでしっかりして見える。

過去の失敗例＝3カラムから1カラムへのリニューアル

とにより、以前より売上が上がるようになっています。

・DECOGARDEN様 http://www.deco-works.com/

7 1番のメリットは簡単に信頼度の高い繁盛店に見える！

それでは、なぜデザインしたものが売れないのか、プロが負けてしまうのか。

3カラムのホームページが簡単にお客様の心を魅了出来るのか訴求力が高いのか。

一度失敗した私たちが、血眼になり研究した結果からわかった成功の要因を詳しくご説明していきます。

まず、大きな要因として情報量の違いがありました。

ホームページは、ヘッダーの写真、左メニュー、右メニューにたくさんの情報が詰まっている方が、魅力的に感じます。対して情報が少なかったり、内容が重複しているホームページは、スカスカに見え、企業としての信頼がなくなってしまいます。

これは文章量でなく、あくまでも情報量の話で、文章をギュウギュウに詰めるわけではありません。

3カラムは、1ページに書ける文章が少ないので余裕が生まれる

この点も、3カラムであれば区切られたそれぞれのカラムに、文章を少しずつ書くことで余裕が生まれ、閲覧者も、繁盛している、信頼がおける、といった感情になるでしょう。

これを同じ内容で3カラムから2カラム、1カラムにしてしまうと、同じ内容なのに訴求力がなくなります。

例えるなら、狭くても行列だらけの飲食店には行きたくなる。

しかし、その1店が大きな店舗を借りたとすると、スカスカになり急に魅力が失われ、行く気はなくなる、といった感じです。

ホームページも、ワクワクする楽しい情報が詰まって見えるようにすると閲覧者が増え、結果売れ行きが伸びていきます。そのためまずは、3カラムで多くの情報を入れたホームページを作ることをお勧めしているのです。デザインの骨組みが決まれば迷いもなくなります。

自分でやるのは文章の作成だけです。それも真ん中の部分に書くだけですので、文章が苦手な方でもうまくいく可能性がグッと上がります。

このようにして「成功の法則」で作成していけば、たいていの経営者は売れるホームページを作ることができます。それも費用をかけずに、何倍もの利益を生むことができます。しかし、「これ以上に稼ぐものを作って欲しい！」、「今後ずっと通用する物を作って欲しい！」という話になりますと、話が全く変わってきます。

3カラムのホームページで莫大なお金を稼いだ全盛期は8年前からです。まだ3カラムで元気な会社様はたくさんあります。しかし、徐々にお客様の目が肥えてきているので、いつまで通用するかはわかりません。

現時点ではまだ通用する方法です。しかし、私達に今後5年間通用する物を作成して欲しいといわれた場合には、3カラムのものは8年前の技術なので今は使いません。

この方法は、素人がいち早く結果を出す方法として、手っ取り早く大きな売上を稼ぐ方法でした。

なぜ3カラムのホームページからデザインをしっかりとすると失敗するのか。ここが重要なポイントです。3カラムで売れているサイトには、正直これ以上そのホームページをどうしようという事はできません。限界いっぱいまで作り上げて繁盛店に見せかけています。

狭い屋台で、これ以上の売上を上げろと言われましても、「暇な平日にお客様を呼ぶ広告を打ちましょう！」くらいしか提案ができません。

3カラムのホームページはデザインするスペースや、文章を書くスペースがないので私達は何もできません。「それなら文章を書き直せばいいじゃないか？」と思われますが、短い文章を長くすれば、それは読まなくなるデザインです。短い文章に手を入れたとしても、そこで何かが変わるわけでもありません。

ここからのホームページリニューアルになりますと、10人でいっぱいだった屋台を、60人満員にさせるような仕組みが必要となります。具体的には、繁盛しているように見せるために、文章は何倍以上もの量を、デザインは綺麗なものにしなければ、お客様が求めているハードルを超えることができません。

「屋台はそこまで美味しくないもの」「雰囲気ありきでよいもの」という認識があり、お客様自体も期待をしていないからこそギャップで流行ります。屋台の料理を店舗で出しても、そこまで流行るわけではありません。

きれいなホームページを見るときにもお客様の期待値が上がっています。ですので、正直その新しいホームページで成功をすると、お客様の財布から出すお金も上がっています。家業から中小企業に変わるようなことが起きてきます。

それを乗り越えるのに、結構なお金がかかってしまいますので、多くの方が躊躇する場面となります。

今の何倍もの情報量をしっかりとお客様に魅せることが出来れば会社が変わる。しかし、今まで経営者自身が作成して無料だったものに、費用が100万円以上かかります。

そこで「なぜ？」という感情が芽生えてお客様はだいたい呆れてしまいます。

そして、40～60万円くらいでホームページをやり直すのですが、売れない結果になるケースが多いです。

60万円でも売れるケースはありますが、私達から見たら、「よく60万円であそこまでやったな。業者はよく泣いただろうな」と思える内容です。経営者が全て口を出して100万円以上のものを作らせたという結果になっています。

正直そのホームページを作った業者は、1年後には倒産しているか、二度と同じ人のホームページを作らないか、その金額で今後受けないような業者になっていきます。

私の見解が狭いのかもしれませんが、その金額でその商品を作るとなれば徹夜と残業のオンパレードです。それも好きなデザインが出来なくて、相手からのダメ出しで、プロとして失格。「もっと良い提案をできないのか！」という罵声を上げられながら創り上げなければいけません。

そうなると、働いているスタッフが最初に音を上げていきます。スタッフを守るのか？お金を守るのか？　どちらにせよ、その勤務体系が続く限り、社内の人間関係も気まずくなり、お客様の売上を上げるどころの話ではなくなります。クレームも増えて、たとえ会社が黒字でも空中分解をしていきます。

これはホームページ制作会社の発展の途中によくある話です。問題はなぜ無料で作成していたのに、お金がかかってしまうのかを業者がお客様に十分説明せずに、目先の利益に負けて受注したからです。

8 公園の砂場作りがホームページの作り方で活きる!

公園で砂場を作り、限界まで高くして、それを更に高くするためには、一度壊してから土台を広くしなければ高い山はできません。

ホームページも同じです。今あるものは、これ以上高くするためにはすべてを壊して展開をしなければいけません。土台が大きくなるということは、載せる情報がさらに何倍も必要になってきます。その積み上げた情報がてっぺんに近づくほど、売上が上がるホームページと変身していきます。

今のホームページのまま綺麗にデザインをしたところでは、スカスカのホームページが出来上がってしまい全く訴求力のないものに生まれ変わってしまいます。

ホームページは砂場作りと同じ！

先程も説明をしましたが、ただ綺麗なホームページでは売れることはできません。今のデザインより綺麗になれば、売れるだろうと思い40～60万円程でリニューアルをしてしまうと大きく失敗するのはこのせいです。

お金をかければいいというわけではないのですが、デザインの幅を広くして、情報を詰めていく。もっと上のお客様と自分が求めるお客様に来て欲しいのでしたら、ここからは文章の力だけでは、やっていけない状態となります。

当然、昔よりもっと稼ぎたいという方にとっての話です。3カラムの自分で作成したもので、3～5年間で1億円以上稼いだ方が多くいた時代でしたので、それを今も同じように考えて無料で作る事は難しい時代となりました。

当然、文章を何倍も書き、情報をどんどん詰めていけるようなデザインを作成していけば売れていきます。3カラムが廃れつつある原因の1つに画面の大きさが関係していっています。

昔のディスプレイは1024PXでしたので750PXの幅で作成すれば良かったのです。しかし、今のディスプレイの幅が1280PX以上とかなり広くなっています。

この画面の幅に、ホームページも合わせていかなければいけない時代となっています。

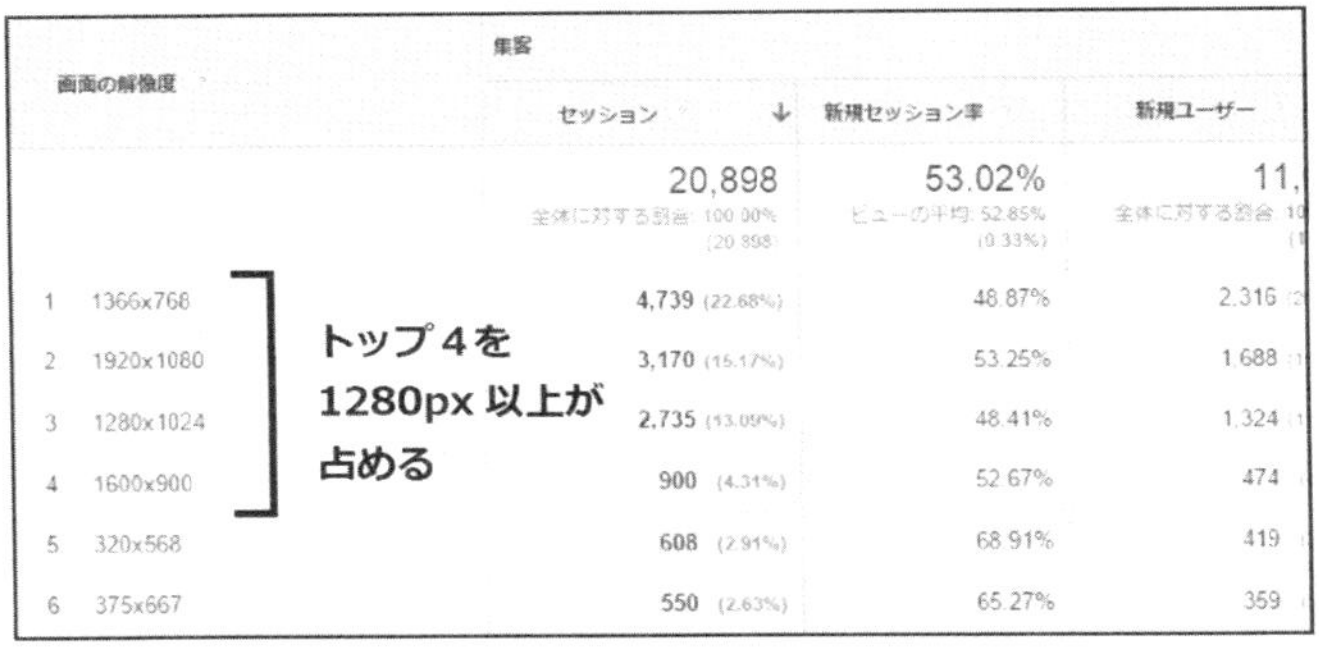

画面の解像度	集客 セッション ↓	新規セッション率	新規ユーザー
	20,898 全体に対する割合: 100.00% (20,898)	53.02% ビューの平均: 52.85% (0.33%)	11, 全体に対する割合: 10
1 1366x768	4,739 (22.68%)	48.87%	2,316
2 1920x1080	3,170 (15.17%)	53.25%	1,688
3 1280x1024	2,735 (13.09%)	48.41%	1,324
4 1600x900	900 (4.31%)	52.67%	474
5 320x568	608 (2.91%)	68.91%	419
6 375x667	550 (2.63%)	65.27%	359

時代の変化とともに、大型ディスプレイのアクセスが多くなる

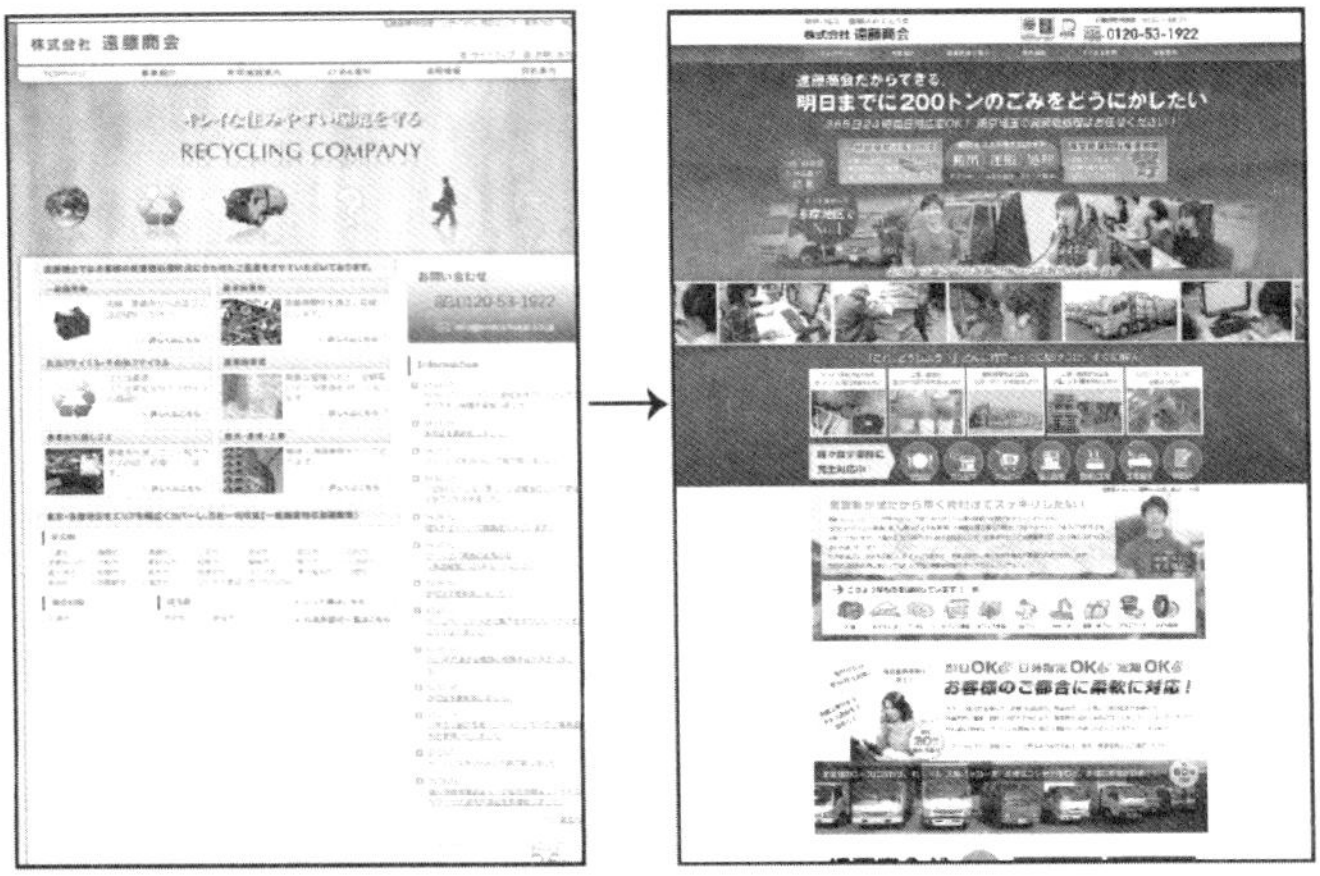

ディスプレイに合わせてホームページも一番見やすい幅に進化

昔のホームページと今のホームページの違い

私は、YAHOO! JAPANのホームページサイズをいつも基板に考えています。日本人が一番使いやすいホームページだからです。

あそこまでギュウギュウに内容を詰めても、見やすく情報を載せられるのはさすがです。

YAHOO!のホームページのサイズは950PXです。今受け入れられるのは、950PXで情報が詰まったものです。

当然、これから画面がさらに大きくなっていきますので、弊社で作成する場合には、5年使うことを考えてYAHOO!より少し広めの1020pxで作成しています。

画面が大きくなることで小さい時より、お客様に伝えられる情報量が増えます。

次ページのカレンダーのサイトをご覧下さい。一気に入る情報量が全く違います。

このように、視覚にもしっかり訴える形で、効果的に情報を入れ込むことで、お客様に選んでいただけるホームページを作り上げることが出来るのです。

ギュウギュウでも見やすいYAHOO!の画面

5年先まで考えて大きめに作成

第3章

最新「WEB検索」攻略術

SEO対策、Google対策、PPC広告…

検索でなく、反響率1位を目指す！

1 売上が上がるホームページは、文章が10でデザインが1

ホームページでは、その文章にどれだけあったデザインが出来るかで成約率が変わります。文章が10でデザインが1でも売れます。文章が1でデザインが10ですと正直売れません。

お客様はデザインにこだわりますが必要ないのです。ですので、制作会社には、文章にあったデザインのこだわりをお伝え下さい。

そうすれば「売れる」ホームページが出来上がっていきます。売れていない人ほど「文章能力がないから業者に全て任せた」という人が多いのです。

制作する側として大切なのは、依頼されたお客様がリニューアルする時に、また仕事を頼んでもらえる事です。

お客様の会社を潰さなければ、私達の企業も潰れません。5年後にはもっと文章が書けるお客様となっており、ホームページの知識も詳しくなっておられるでしょう。今回作ったものよりもっと良いホームページが出来るのは確かです。

制作会社も様々な事例を経験しているから更に力になれる。このスパイラルこそが、経営を楽に出来る方法だと感じています。

2 スマートフォンサイトはここに注意！

スマートフォンサイトが無ければ、ホームページからの売上の1・5倍は損をしている可能性があります。しかし、スマートフォンサイトを作れば売れるというわけではありません。

PCサイトで売れている人が持つからこそ、スマートフォンサイトでも売れるようになるのです。

当然ですが、PCサイトで売れていない人がスマートフォンサイトを持っても、売れません。

見る環境が変わっただけで、見ている人の心境は同じだからです。魅力のないPCサイトがスマートフォンサイトを作成したところで売れませんのでご注意下さい。

とはいえ、スマホサイトは今が旬です。それはライバルがとても少ないからです。さらに、スマホサイトにお客様が期待をしていないからです。

PCサイトがあるからこそのスマホサイトです！

PCサイトの場合

← 画面が大きいので
大量の情報でも
どんどん見る →

スマホサイトの場合

← 画面が小さいので
少しの情報量で
満足する →

スマホサイトは書きすぎないのがコツ

良い企業があるわけ無いと思い込んで検索しているからこそ、スマホで良いサイトがあると売上が面白いくらい伸びるようになります。それも、画面が小さいからこそ、書くことが少なくてOKなのです。

PCサイトでは楽天を筆頭に長いサイトが売れるようになっています。クリックするのが苦手なお客様も、スクロールすることは好きなので、1クリック以内で決済ができれば売上が上がりやすくなります。

最低3クリック以内にお問合せや決済をさせたほうが購入率は上がるという結果が出ております。

売れているサイトでは、このような仕掛けが満載で運営されています。

PCサイトは長い方が売れるサイトとなる可能性が高いのですが、スマホサイトは短くても売れる可能性が高いのです。

トップページは、それこそ短くナビゲーションのような意味合いでデザインをした方が良いでしょう。お客様は見たい情報しか見たくなく、クリックをしてドンドン進んで迷子になったほうが、お問合せをしてくれるような感覚になります。

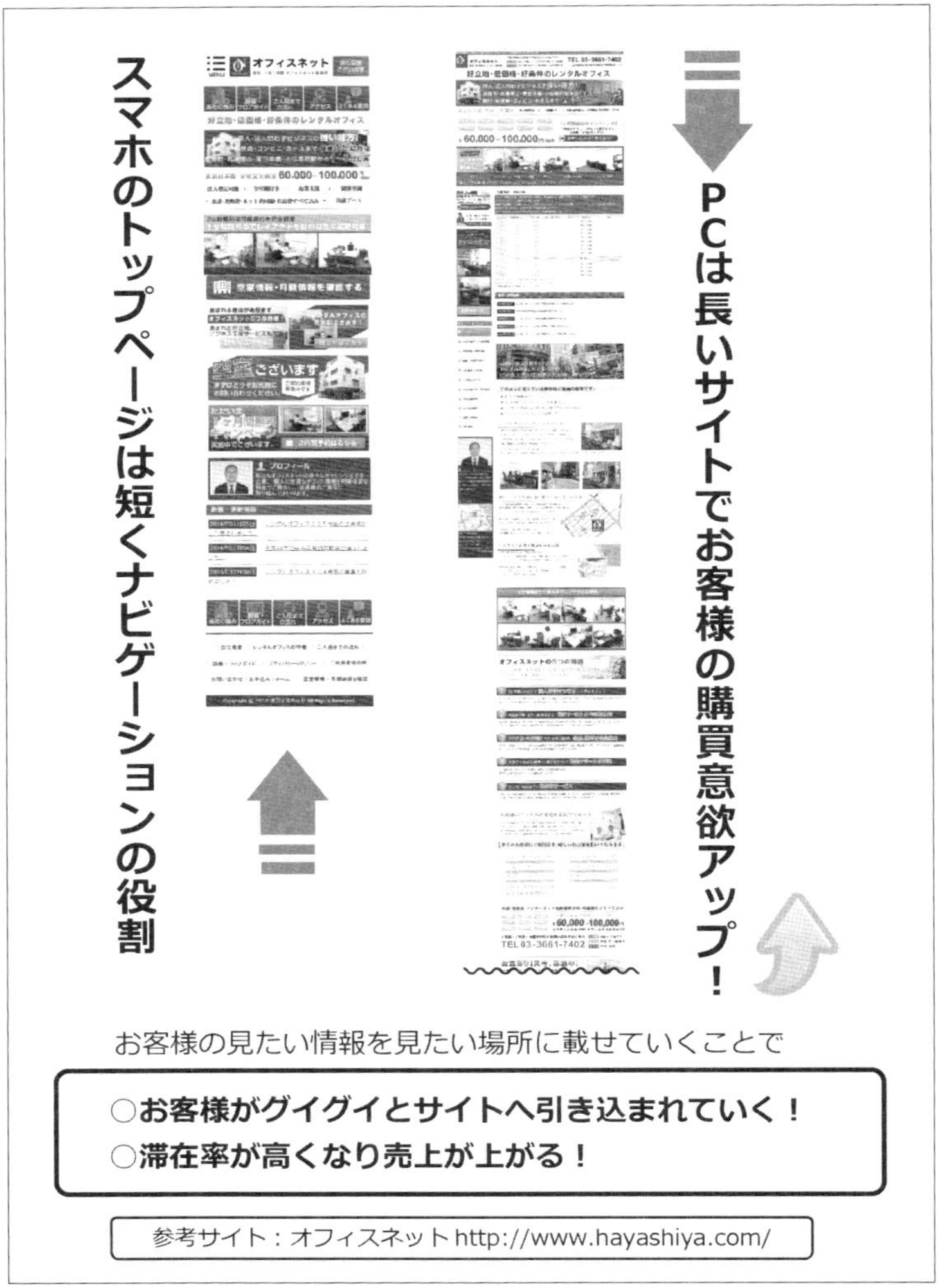
スマホのトップページは短くナビゲーションの役割
PCは長いサイトでお客様の購買意欲アップ！
お客様の見たい情報を見たい場所に載せていくことで
○お客様がグイグイとサイトへ引き込まれていく！
○滞在率が高くなり売上が上がる！
参考サイト：オフィスネット http://www.hayashiya.com/

タテに長いHPの魅力

それは、見た時間を無駄にしたくないのと、これ以上のサイトを他で見つけるのが面倒ください。そもそも他にスマホサイトがあるのかどうかさえ怪しいという心の動きがあるからこそ、良いサイトを見つけてしまうとそのサイト内で完結させようとします。

まずは、相手がほしい情報をしっかりと見せてあげるのが重要です。そのため、スマホサイトのトップページは次ページのようなデザインが売れるデザインとなっています。

次ページのロード様の特殊清掃のスマホページですが、珍しいケースでPCサイトのリニューアルをせずにスマホサイトだけリニューアルをしました。すると、あまり来ていなかったお問合せが増えていきました。

売上で行くと1・5倍くらいスマホサイトのおかげで増えていきました。この調子で売り上げを伸ばしたいというので、同じ感じでPCサイトのリニューアルを依頼されました。しかし、ここで問題が生じてしまいます。

スマホサイトはPCサイトの情報量が半分で作れるため、ユーザーは情報のすべて見て決めません。背景としては、スマホの端末の特性もあり、通信速度が遅いために重いサイトは読み込みに時間がかかってしまいます。

また、幅が狭いためデザインにあまり凝らなくても、良いサイトに見えやすいのです。

特殊清掃ロード様のスマホページをリニューアル

文字やボタンを大きくして
移動しやすいデザインに
リニューアル

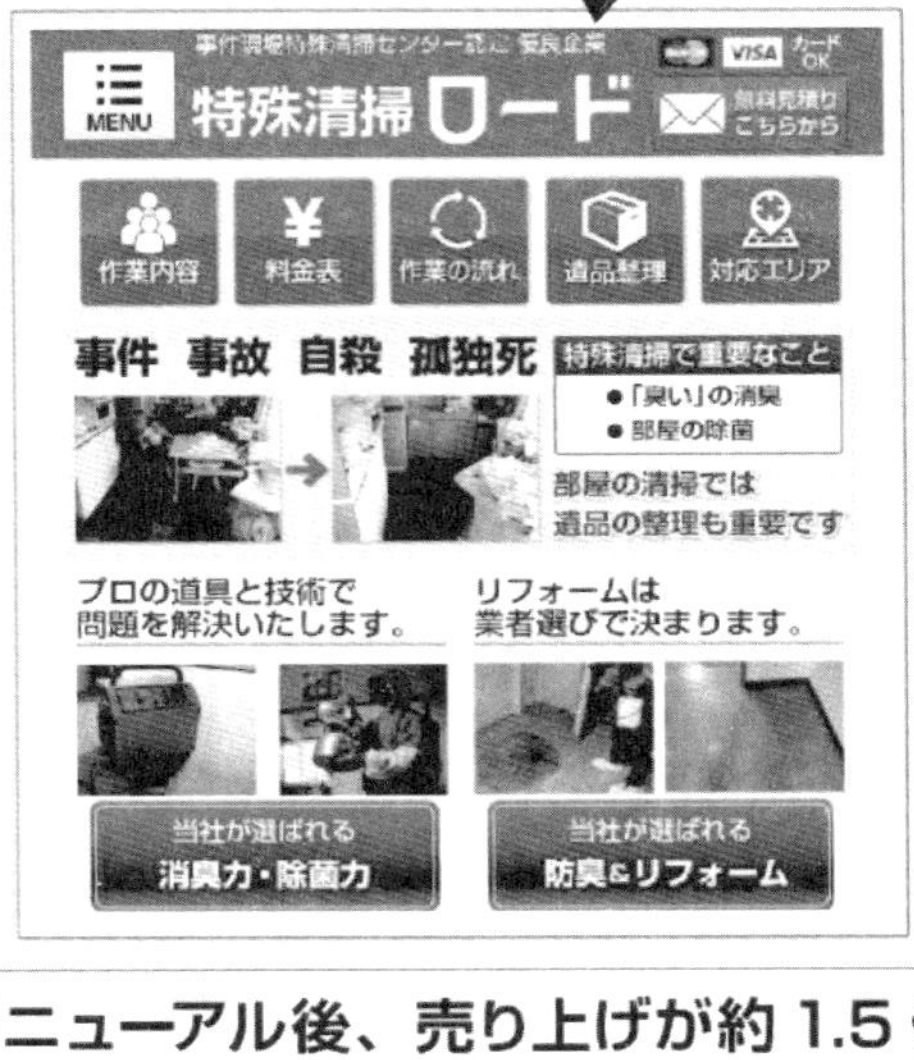

リニューアル後、売り上げが約 1.5 倍に

トップページは見やすくする！（特殊清掃ロード様）

内容が詰まって見えるので繁盛店に見えやすいという利点があります。

このような背景の上で作成しておりますので、スマホからPCサイトを作る時には、情報量を最低2倍以上もらわなければ作れません。

このままPCサイトを作成してしまいますと、内容がスカスカの繁盛していないイメージを抱かせてしまいます。

どちらも共通して言えるのは、見たい情報があるように瞬時に思わせなければいけないという事です。

最近では、PCサイトとスマホサイトが兼用のレスポンシブデザインというものがあります。

それで作成すれば一石二鳥と思う方も多いのですが、「二兎を追う者は一兎をも得ず」という状態になっている会社も多くあります。私も、何度もチャレンジしました。

PCサイトのお金をもらってスマホサイトのお金をもらう契約より、「2つ入っています」という方が契約を取りやすいので、幾度となく挑戦をしました。

しかし、レスポンシブデザインは正直売れるものを作りにくいです。レスポンシブデザインを意識するとスマホを基本に考えて作るため、読ませたいデザインにするのが難しく

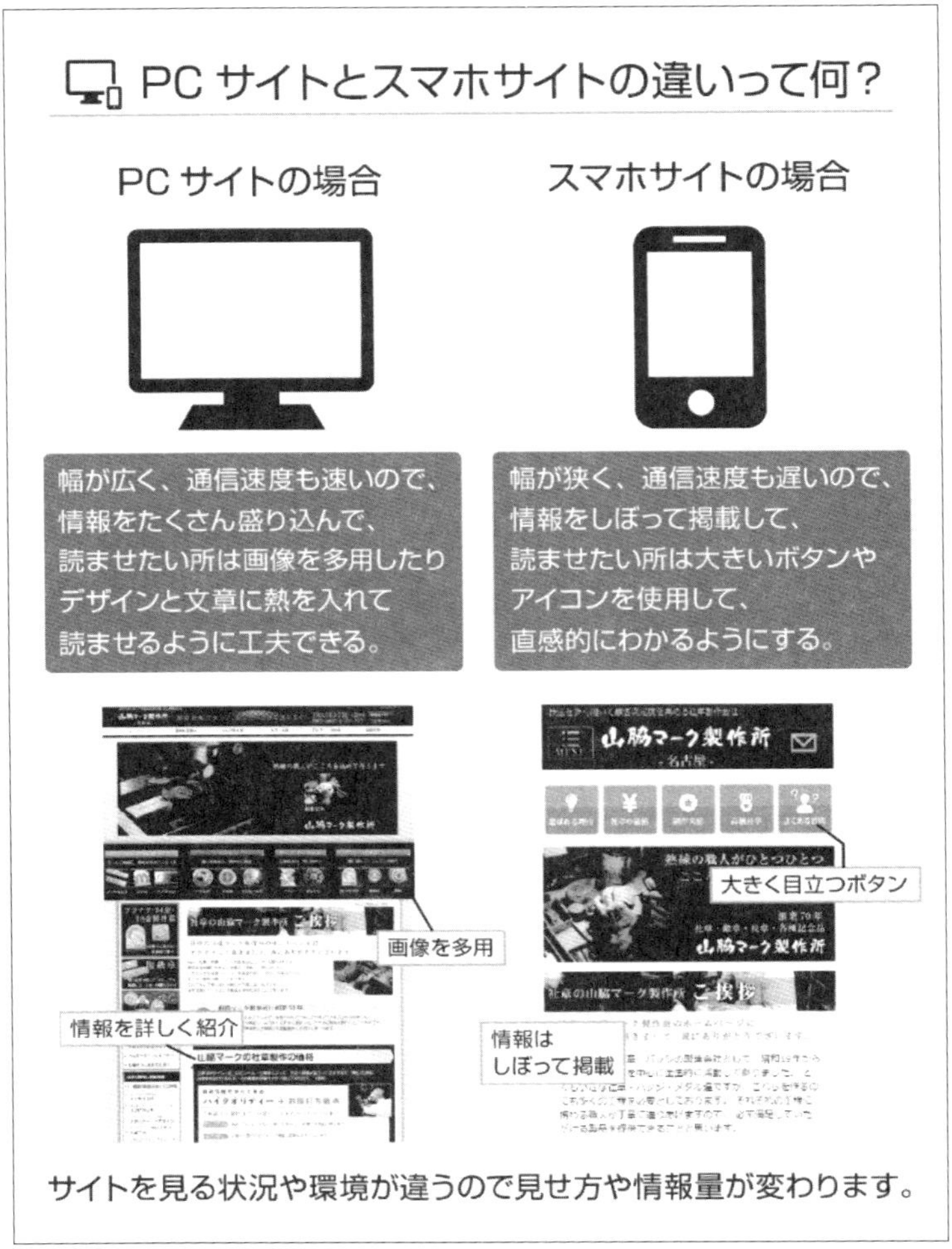

PCサイトとスマホサイトの違い

なります。

デザイン面でさらっとしたものになりますが、やや訴求力のないものが出来上がってしまいます。

ホームページの本来の目的は、読ませるために作るものです。

営業で言うところの、空気を読んで話をするのに似ています。ここで読んでほしいものは、そこにデザインと文章の熱を入れて読ませるように工夫をすることです。

あまり説明のいらないメーカーの商品や物を売らない非営利サイトなら適していると思いますが、「説明をして説得させよう！」というビジネスの場合、かえって訴求力が落ちてしまいます。

ですので、私達は、ＰＣサイトが売れてから別にスマホサイトを作成するという流れが理想的だと考えています。

まず、ＰＣサイトでじっくり売っていき、次に情報量が半分で済むサイトを作れば、売上が１・３~２倍以上も増えます。これによりお互いにメリットの多いノーリスクなビジネスの投資が可能になります。

最初から双方を同時に依頼されてしまいますと、双方の準備で手一杯。売上も上がらない。

■レスポンシブの場合

スマホで見た時

PC サイト

レスポンシブデザインは PC サイトのレイアウトに依存します

レスポンシブでなく
別々にサイトを作った結果

スマホサイト

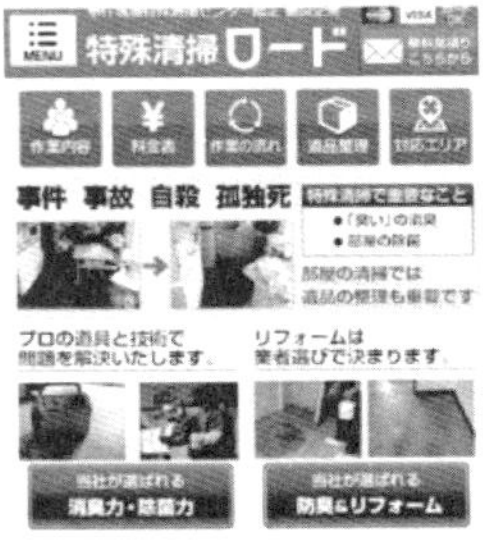

スマホで見やすく訴求力のあるページになり
売上アップ！！！

参考サイト：特殊清掃ロード http://www.clean-road.com/

PCサイトが売れてからスマホサイトをつくる！

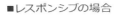

これでは本当に意味がありません。

3 今のスマホユーザーがチャンス

現状スマホユーザーは、スマホページにそこまで情報を求めていませんので、簡単な5ページほどでもお問合せ件数が増えるようになります。また、ライバルにはスマホページを持っていない会社が多いため、有効的な売れる手段となります。

注意点をいえば、その簡単なサイトで満足しないで下さい。

「お問合せが来ているから！」と満足するのではなく、しっかりと作りこんでいくことで、これまで月に10件だったお問合せ件数が、20件になるケースもあります。

今のものはあくまで簡易版と認識をして良い物をお持ち下さい。10件のまだ見えていないお客様が毎月来るようになります。

お問合せが来ているから良いのではなく「成約率の%をもっと上げられないかな」と考えましょう。成約率を上げていれば、何もしなくてもお問合せ件数も上がってきます。

せっかくのスマホページですから、成約率が高いものを作成して、効果的な待ち営業を実現して欲しいと願っています。

4 森ではなく、木。ピンポイントの検索NO1が効果を生む

多くのお客様がインターネットで検索するために、毎日スマホやPCを見ています。その閲覧されているサイトにあなたのサイトも組み込まれるようにしていきましょう。

昔は大きなキーワードで検索1位を狙わなければいけなかったのですが、今はそれをしなくても大丈夫です。現在の検索エンジンは、もっと簡単に、もっと広く、低い難易度で、上位表示してアクセスを集められます。その方法をお伝えしていきます。

左のページのサイトをご覧下さい。

これは湯布院のおみやげ屋『角打ち屋』さんです。以前のホームページの作り方ですと、「湯布院　おみやげ」や「湯布院　角打ち」というキーワードで上位表示にして、1位を狙うような作り方をしていました。

ところが1位になってもアクセスは増えず、ホームページを露出するためには広告を打つしかありません。しかし、広告を打ったところで元が取れないという事態に追い込まれ

湯布院で 20 年続く地酒屋さんです。楽しそうな雰囲気で、でも盛り上げすぎずに幅広い年齢層を大歓迎している想いを全面に出して作成。

参考サイト：ゆふいん角打屋　http://www.yufu-bijin.com/

湯布院『角打ち屋』

ました。

そもそも、もう1つのキーワードの「湯布院　角打ち」というキーワードは、誰が検索するのでしょうか。

ほとんど使われないキーワードですが、「湯布院　旅行」というキーワードでは上げる訳にはいきません（そういうお店ではないのでGoogleが上げてくれません）。

湯布院旅行で上がるようなサイトは、ツアーサイトや観光ガイドのホームページです。間違ってもお土産サイトが上がるようにはなっておりません。

ではホームページを持つ術がないのかという話になってくるのですが、ここで良いツールが有ります。Googleサジェストというものです。

こちらは、ユーザーが検索するキーワードを教えてくれるツールです。

検索するユーザーの趣味嗜好がハッキリとしてきて、個性ある検索が増えてきたのも手伝い、多くの検索ワードが広がっています。

「湯布院　おみやげ」というキーワードで1位にならなくても、多くのアクセスを集められます。それも戦略的に、狙ったとおりにアクセスが集まるのです。

湯布院のお店のアクセス解析です。サジェストツールを使ったおかげで、２００以上の

▼GoogleAnalyticsのオーガニック検索解析

幅広い小さなヒットキーワード総数200件以上。他のお店がメインキーワードにしているであろうキーワードでもヒットすることに成功していることがわかります。

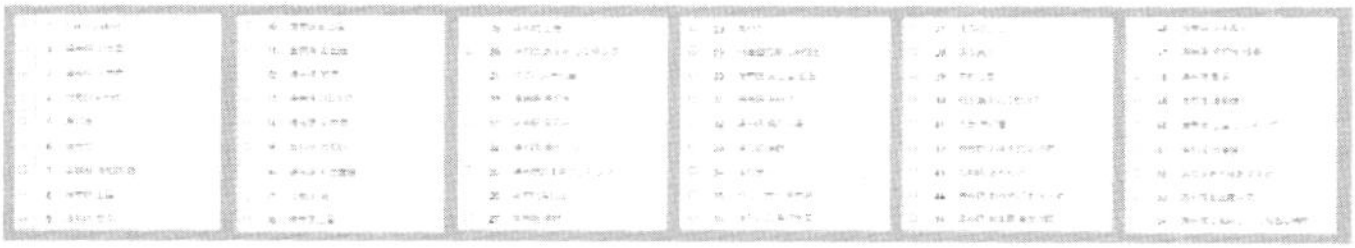

▼Googleサジェスト　キーワード発掘ツール

Googleの検索窓にキーワードを入力した際に関連深いキーワードを候補として出してくれるサジェスト機能を使った、関連キーワードが一括でダウンロードできるツールです。

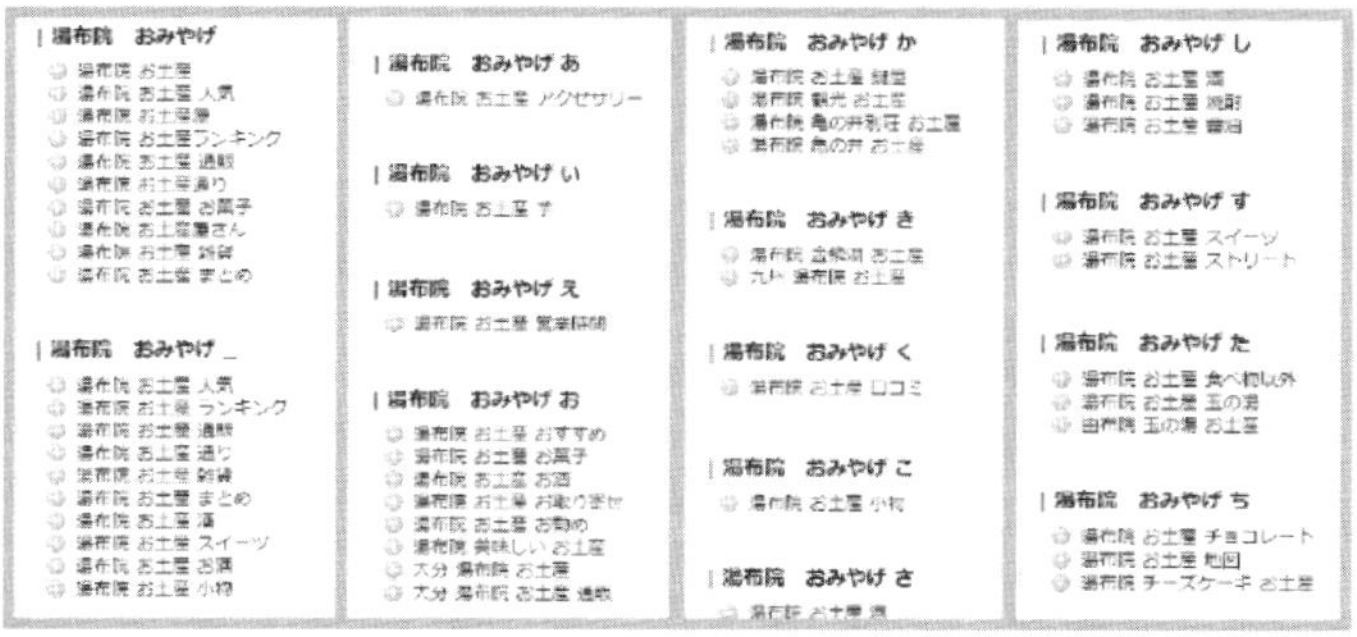

▼上位サイトの使用キーワード抽出ツール　http://a-rooms.com/lsi/

キーワードを入れると、**そのキーワードで上位している10サイトをピックアップし、そのサイト内に使われているキーワードを出現数と共に一覧で表示してくれる**優れものです！

頑張って数える必要もなくなり、上位のヒントも見つけることができます。

Googleサジェストツールなどによるアクセス集中例

キーワードで上位表示ができており、多くのアクセスを生んでいる結果となっております。「湯布院おみやげランキング」「湯布院　焼酎」、「湯布院　酒」「湯布院　地ビール」「金鱗湖　温泉」「湯布院　散策」「おみやげ屋　営業時間」「湯布院　おみやげ　おすすめ」などサジェストツールを見てキーワードとページを作成していくので、まったく検索のなかったはずのサイトが、多くの集客を呼んでいます。

こちらのホームページが出来てから売上は1・5倍となりました。

以前は個人商店のホームページを作るなんて、「元が取れないのではないのか？」と考えていました。良い物を作っても誰も検索をしてくれないと思っていたのです。

しかし、今ではお客様の検索するワードが広がっているからこそ、Googleも小さな検索に対してホームページの数が足りていないからこそ、ページを作成すれば上げてくれるようになっています。

このホームページができてから、湯布院に来たお客様がこのお店を目指して来るようになりました。裏通りなので難しい立地です。

お店の方はいつも私に、「今日は雨だからダメだ。湯布院の人気が最近ないからダメだ・・・」と嘆いていました。

私は、「なにいってるんですか？　あなたのビジネスなのに、湯布院ありきで考えているんですか？　景気の良さを湯布院の人気にかける、売上を天気にかけるなんて！」とビックリしました。

「湯布院にはこの店があるから行く価値がある・・・。そういった店主の熱い思いがなければ、商売をする意味が無いのでは？」と激励したのですが。常に弱気だったのです。

売上を上げなければいけないのに、気持ちから負けている。とはいえ、ホームページの威力を知らないのでしかたがないと思います。

私はとにかく全力で売れるように変更していきました。すると、この店を目指して来るお客様がとても増えました。

さらには、おみやげも売れるのですが、角打ちをするお客様が増えました。最初からそれ目当てでくるのです。

会社は何も変わっていません。ホームページが変わっただけです。それで売上が上がるのです。経営者は、湯布院の人気を気にして過ごしていました。

しかし、今では、自分の会社の人気を上げるための努力をしています。次ページが多くのアクセスを呼ぶようになっています。

ホームページの使い方1つで、ここまで変わるとは、嬉しい限りです。

▼人気商品ランキング

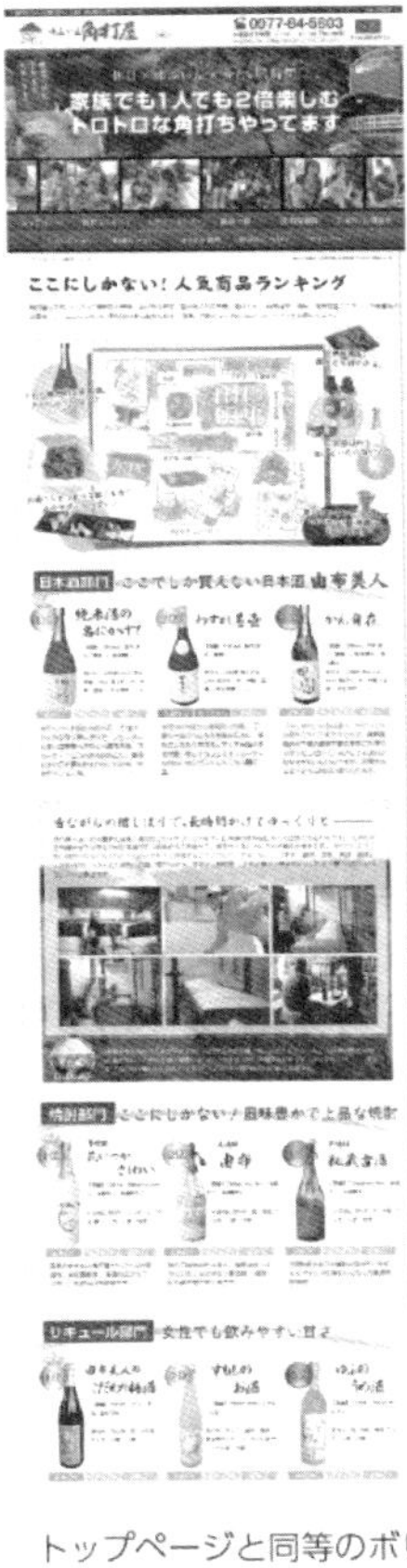

▼角打ちスタイル

▼ゆふいん散策

トップページと同等のボリュームで、キーワードを自然に盛り込みながらセカンドページを作成することで人が見るのも楽しく、他にない個性的なページとしてGoogle の評価へも繋がっています。

たくさんのキーワードに対応したホームページづくり

ホームページとは喉元過ぎれば熱さを忘れる、売れるものを持ってしまうとそれが当たり前になってしまいます。

しかし、無ければ企業の息の根を止めに行くものでもあります。今のホームページで売れていないのでしたら、大きな売上を逃していると感じますのでこの会社のようにアクセスを多く取り飛躍してほしいと思います。

5 PPC広告最前線—あなたに合うものはここにある

業種によって利益率が違うために黒字を出しながらPPC広告をするのが難しい方も多くいます。

まずは、集客の上で新規顧客獲得が一番費用が必要だという事実を、ビジネスの最低限の常識として心の中に入れてほしいです。

インターネットを使えば新規の顧客がバンバン来るわけではありません。インターネット上でも新規顧客の費用は一番かかり、リピート顧客様の利益率が一番高いです。

ですので、PPC広告が赤字だからしないという短絡的な考え方では、永続してリピートとなるお客様までも一生出会えないで終わる恐れがあります。

お客様の中にも種類があります。リピートの多い層と移り変わりの早い層。広告で安売りやキャンペーンで引っ張ってきたお客様の単価は非常に安く成約率も高くなります。

しかし、会社を見てないで、価格を見ているので生涯顧客になる確率は低く、例えるなら、ホットペッパーで来るお客様はお店が好きではなく、安売りが好きな方です。

そういった人から口コミは起きません。常にコロコロお店を変えている人やホットペッパーに載っているクーポンめぐりをしている人の話を誰が信じるでしょうか。

価格コムの最安値のお店で購入しても、その店の名前を覚えている人はほとんどいません。新たに安い商品を価格コムで探すだけです。

このようなことから、安売りやキャンペーンではリピーターになる確率が低くなります。

一方、成約率は低くなりますが、会社を見てしっかりと注文してくれる人はリピートの可能性が高くなります。また、その人が3～4人の知人を連れてくるケースが多いです。

整体業界に多いのですが、安い広告費で多くの来院をしている会社様で月の新規患者様が30～60人の会社は、リピートがないという話をよく聞きます。

本当の企業であれば、新規患者様が30人来れば、リピートで1人あたり5回の再訪が見込めます。友達も4人程度紹介してくれます。

その結果、1人の新規患者で5回×紹介で4人×紹介の人が通う回数5回で合計100

回となります。

しかし、リピーターの少ないところに限って、「私の腕がいいから治っちゃって、次は来なくなるんだよね」などと現状に甘んじています。整体に通うお客様はかならず整体は付きものの人生となっているはずです。集客の仕方に問題があるからこそ、新規客に頼らざるを得ないのです。

「安く呼ぶのがいいのか」「高くても本当に良いと思ってもらえるお客様がくるほうが良いのか」を考えた時に、5年後を考えれば高いお客様のほうが良いでしょう。

しかし、今を見ればいつも動いている安い層のお客様を取った方が利益が出ています。私は5年後が楽になるほうが良いと思いますが、これは経営上の問題なのでどちらが良いとはいえません。

この2つの概念をしっかりと心に刻んでから、PPC広告に手を出したほうが良いです。短絡的にマイナスになるのか、長期的に見ればプラスになるのか、短絡的に見ているのでしたら安い広告をたくさん出していったほうが直近の利益につながります。

長期的に見るのであれば、広告費用が赤字でも我慢をして良い客が来るのを待つのも戦略です。

ＰＰＣ広告で現在有効な手段は、６つです。単価が安いものから高いものまでありますので１つずつ説明をしていきます。

星印が多い広告については、見込み客の割合は落ちると思いますが、ある程度ターゲットを絞り込んだ方に対し、比較的安い単価で数多くのレスポンスに期待ができます。

星が多ければ、１００円前後の単価にて出せる業種が多く、コストパフォーマンスに優れています。

（1）グーグル広告（★）
キーワード広告といって、キーワード検索を行ったユーザーに対して掲載する広告です。比較的単価が高い広告で、自分でキーワードを設定する形となります。掲載先：グーグル検索結果

（2）ディスプレイ広告（★★★）
お悩み相談サイトなど、グーグルの広告を設置している一般サイトに対して掲載する広告。個別設定も可能ですが、グーグルがキーワードに関連した掲載先を選別してくれます。
掲載先：関連する一般サイト

（3）ヤフー広告（★）

キーワード検索を行ったユーザーに対して掲載する広告。スポンサードサーチといって、単価が高い広告になります。自分でキーワードを設定する形となります。

掲載先：ヤフー検索結果

また、「スポンサードサーチのインタレストマッチ」という、ユーザーが閲覧中のページの内容や、過去に検索したり、閲覧したページの内容などをヤフーが分析し、その人が興味や関心を持ちそうな広告を判断し、広告を掲載することも可能です。注意点としては、単価が高いスポンサードサーチと合わせてしか掲載できません。

掲載先：ヤフーニュースやヤフー知恵袋など、ヤフーが掲載先を選別

（4）ＹＤＮのターゲティング（★★★）

ユーザーの属性・地域の条件を自分で設定して掲載する広告。自分で条件を設定する形となります。

掲載先：ヤフーニュースやヤフー知恵袋など

（5）ＹＤＮのインタレストマッチ（★★★）

基本的にスポンサードサーチの中のインタレストマッチと同じですが、スポンサードサー

チの広告グループの入札単価に左右されず、広告単位で入札価格が設定出来るというメリットがあります。その他、画像を使った「ディスプレイ広告」の出稿が出来ます。
掲載先：ヤフーニュースやヤフー知恵袋など、ヤフーが掲載先を選別

（6）フェイスブック広告（★★★）
ターゲットを設定してフェイスブックに広告を出す方法です。記事に「いいね」を集める方法、フェイスブックページに「いいね」を集める方法、ホームページに直接誘導する方法があります。こちらもまだ使用している方が少ないので比較的安く掲載ができます。
掲載先：フェイスブック

全てに手を出してしまいますと、広告費がいくらあっても足りません。広告を訴えかけるタイミングがお客様の状況で違います。

一番費用がかかるのは、皆さんがやっているキーワード広告です。効果があるのではなく、やっている人が多いから費用が高くなっている可能性が高いです。

全てに対して平等に費用をかけられる企業は本当にいません。広告を出す種類をしっかりと選定すれば、あなただけの一人勝ちの時もあります。広告にもたくさん種類がありま

すのでいろいろと吟味して下さい。

私は、ＳＥＯで上り詰めてきたため、ワンクリックあたり200円以上を出すことに抵抗を感じます。ディスプレイ広告やインタレストマッチなどを駆使して、ワンクリックあたりを100円以内で抑えて運用をしています。

キーワード広告を出す場合は、「フレーズ一致」というものにして、出したいワードのみを登録をしていきます。それにより無駄なワードで広告が出なくなります。部分一致という広告で出す場合は必ず除外キーワードを入れることをお勧めします。

私がいつも入れている除外キーワードはこちらになります。一例ですが紹介しておきます。

アニメ　アプリ　ギャンブル　ゲーム　スポーツ　スロット　ソフト　パチンコ　マンガ　占い　漫画　為替　無料　競馬。これらのキーワードを除外しておけば、無駄なサイトや広告がほとんど出なくなります。

6 ホームページは、育てない限り反響が出ない

中には成約率の高いサイトを持っているのにも関わらず、広告を出さずにいるお客様もいます。

売れない原因は、「ホームページ制作会社のせいだ！」という方もいます。ですが、成約率の高いサイトを作成して、アクセスまでも保証する。お問合せが勝手に入る。注文が勝手に入る。それこそ自動販売機となる。では、当事者の会社さんは何もしなくて良いのでしょうか？

何度も書きますが何もしなくてその状態ができれば、ホームページ業者がその業種で儲けます。もしくは、営業代行をして売れたら何％をもらうような契約をします。

効果のないホームページは、大きくわけて、売れないサイトかアクセスのないサイトとなります。

基本的に多くの業者は、どちらも欠けている物を作成しているのも確かです。

なぜなら、多くのホームページは成果報酬型ではありません。そのため、予算内におさめるため、どちらかをあきらめます（手を抜いているわけです）。

私は、どちらも達成しようとしているのですが、10件中の3件位はアクセスが足りないサイトが出来てしまう場合があります（契約前に売れるまで付き合いますが、アクセスは保証できませんのでアクセスが足りない時はＰＰＣ広告を併用して下さいとはお伝えしております）

アクセスが足りない時は「広告を使って欲しい」と頼むのですが、「5年前にやった時には全く効果がなかったのでやらない」「今、お問合せが来ているからまだ様子を見る」という、返答が返ってくる場合が多いです。

せっかく成約率の高いサイトを持っているのに、なぜ使用してくれないのかとガッカリしてしまいます。そんなお客様は少ないと思われるかもしれませんが、現実は私のお客様の9割以上が広告をかけません。

広告をかけなくても売れているので良いのですが、1つ思うのは、そのホームページの賞味期限が近づいているという事実です。公開した日から、3~5年間。使用してもしなくても、公開した日から着々と進んでいます。

時間とともに成約率はどんどん下がっていく、ライバルは新規顧客名簿を増やしている。他の方は、「売れる」サイトさえも持っていない。あるいは「売れる」サイトを持っているのに使い切れていない。そうはいっても広告費を捻出できない・・・その事情はわかります。

なぜここまで熱く訴えるのか説明します。

私が勧める必要最低限のＰＰＣ広告をしている企業は、やはり大きな売り上げをたたき出しています。

つまり、子育てと同じく、ホームページも教育費、食費をかけ育てなければ成長は見込めません。

大金を積めば良いというわけではありませんが、必要なお金を使うべき時に使わないと、将来の結果も変わってきてしまうということです。

7 PPC広告を食わず嫌いではなく1度やってみてから考える

以前にやってみて効果がなかったから、広告を出したらすぐに1万円なくなったから2度とやらない。それは効果のないホームページを持った時にやっていたからです。効果のあるホームページを持った時にはやりましょう。効果のないホームページの時に、PPC広告で結果を出すための手段は、何が何でも1位を取ることです。

最初に見るホームページでしたら、比較対象がないのでとりあえずお問合せにつながる確率が高くなります。私のお客様で、予算がなくて16位～20位でPPCの広告表示している探偵会社のお客様がいました。

そのお客様は、「本当にダメなお客しか来ない。最初から価格しか聞いてこない！」と、うんざりしていました。

しかし、生活がかかっているので嫌な仕事もこなしていました。そこで相談があり、「予算の関係上クリック数は極端に低くなるけれど、1位表示を狙いましょう！」とアドバイスした結果、質の良いお問合せがドンドン来て最高の状態となりました。

1位と20位では、順位が悪くなるほど、良いお客様がドンドン流れてしまい、上に取られてしまいます。良い物がなくなった、溝さらいのような状態となってしまいますので、なるべく上の方に載せることも良質なお客様を取るためには必要な手段となります。

売れないサイトも売れるサイトに変えることが出来るPPC広告。使い方次第で一気に業界のNO・1になれることもあります。

8 PPC広告を併用してこうして大きくなった

私たちにご依頼された、ロード様という会社は、リニューアルをして大きく伸びていきました。

実は、リニューアル前は、自分たちで考えてホームページを制作していたそうです。

大きなお金を出して1から制作会社に依頼するのは、私たちの会社が初めてとなります。自作で作成したもので効果が出ており、ホームページの勉強でセミナー等によく出ていました。SEOにも躍起になって、多くのキーワードで上位表示もしていました。

ＰＰＣ広告も併用して売り上げも上げていました。こうして、多くの売り上げを上げ続けたのですが、徐々に売り上げは下がってきました。この先は手に負えない。どうして良いのかわからないということで依頼を受けました。

良い会社のものをリニューアルするのは、絶対に売り上げを伸ばさなければ制作会社のせいとなる案件です。リニューアルは、売り上げを0にしてしまう可能性がある重要な仕事です。

リニューアルをしてからＰＰＣ広告の費用は変わらずに売り上げは2倍になりました。成約率とブランド力が上がったため単価も上がりました。ＳＥＯに躍起になるのも１つですが、成約率が高いから、広告費を下げるという決断もある中で、成約率が高ければＰＰＣ広告で安定したアクセスを毎月供給する選択のほうが売上が安定をしていきます。結果的に毎月の売り上げを気にする回数が減りました。安定したアクセスは会社を成長させる１つの安定剤となって成長を続けています。

なお、広告費用の20％を管理費用としてもらっている会社が多くなっております。その金額設定は正しいのでしょうか。

依頼をするとクリック単価を安く出来るのは確かです。さらには成約率を伸ばしてくれるようになります。無駄なクリックが減るので管理費に見合う金額になります。しかし、その金額が見合うのは月の広告費30万円までで良いのではないのかと思っています。

さらに売上を伸ばしたリニューアル例

30万円だと20％で毎月6万円です。50万円だと20％で10万円です。

高いですね。その分広告費を出した方が売上も上がるのではないのかと思うほど高いです。

なぜ30万円までなのかと言いますと、1ヶ月30日ですと、毎月30万は1日1万円です。

毎月50万円ですと1日1万6０００円です。1日あたり6０００円も違います。しかし、キーワードを5～10個増やすだけで、6０００円なんて金額はすぐに使ってしまいます。

9 検索1位のSEO対策だけでは意味がない

ＳＥＯだけでも結果が出ますが、問題が少し生じてしまいます。小さなキーワードを多く網羅しているロングテール狙いでしたらアクセスの変動はないのですが、大きなキーワードや単一のキーワードに頼っている場合ですと危険です。

検索エンジンの順位は3ヶ月で大きく変わります。今日1位だったものが、3ヶ月後で10位になる。このような現象が3ヶ月毎に起きます。当然、いつも1位を狙えばよいのですが、不動の1位は滅多にありません。

多くの会社に1位を明け渡してあげなければ、Googleの検索エンジンの進化もありません。

そもそも、未来永劫ずっと1位というようなキーワードはなく、小さなキーワードでしたら、１位表示を継続できますが、ライバルが来れば順位が下がってしまいます。

１位から10位に下がる。その瞬間にお問合せ件数は大きく下がります。今まで、売り上げていたものが一気になくなってしまいます。

３ヶ月毎にビクビクして、自分の順位を気にする。売上が下がった時だから、広告を打てるお金もなく何とかやり過ごす。年間を通して、ホームページの力を発揮出来る期間が少なくなります。

その結果、零細企業のまま成長できないでいる会社を多く見てきています。順位が下がっても、上がっても気にしなくなる。それが、ＰＰＣ広告の役割です。

お金を出して、アクセスを集める。ホームページの成約率の分、自動販売機になる。毎月決まった費用を適切に出せば、成約率の◯◯％で返ってきます。成約率が落ちたら、ＰＰＣ広告の広告文を変えるだけでまた成約率が元に戻ります。

広告のキャッチコピーを変えると、違った心境でホームページを見るようになります。また、広告文ではなく、ホームページのキャッチコピーを変更するだけでも成約率をキープ出来ます。

文字を変えるだけで違ったターゲットに向けた販売戦略も可能です。

次ページのキャッチコピーを変えたホームページを見てどう思いますでしょうか？

キャッチコピーを変えるだけで受ける印象が変わります。

パターン１：おばあちゃんに優しいサイト

「あのおばあちゃん亡くなったの？」

代表の長澤さんからおばあちゃんに気持ちが向けられているキャッチコピー

パターン２：地域に優しいサイト

「長澤さんに出会えて幸せだったと思うよ」

地域の交流を大切にしたからこそお客様に言っていただけたキャッチコピー

キャッチコピーだけで売上は大きく伸びる！

一方はおばあちゃんに優しいサイトで、一方は地域に優しいという感情が湧き出てくるようなサイトです。

何度もやり直して突き止めたホームページを作っていると、ちょっと変更したところで、さらにサイトの成約率が上がります。

アクセスが毎日あるサイトになれば、毎日が勝負となりますので変幻自在に売り上げを変更できます。

アクセスがないサイトですと、どこが悪いのかわからないために、「変更しても1週間待ちましょう」という提案になってしまいます。

アクセスがあるサイトでしたら、「今日見てダメでしたら戻しましょう！」という提案もできます。1日1日で勝負できますので、その分売り上げも伸びていきます。

良いホームページを持ってしまったら、使わないことが勿体ないのです。

私のお客様でホームページを完成させた途端に忙しくなり、2年後にＰＰＣを開始した会社様が2社ありました。1社はローコスト住宅の真っ只中で作成したもので、2年経った時点でローコスト住宅の人気がなくなっており、賞味期限が切れて全く機能しないものとなっていました。

もう1社は、フローリングのコーティングの会社なのですが、2年後にＰＰＣ広告を打つようになりました。その結果、5年前に作ったホームページなのに、今でもずっと売れている会社となっております。「当初からやればよかった!」と後悔をしておりますが、今でも売れているので喜んで頂いております。

コラム2

あなたはこの5年で大きく成長しました！ でも、ホームページは5年前のあなたのままでは？

きちんとした会社なのになぜか売上が上がらない。良いお客様が来ない。

そう悩まれる経営者の方がよくいらっしゃいます。

あなたの会社の良さ、強みをお客様はどこまで知っていますでしょうか。あなたの欠点をお客様はどこまで知っているでしょうか。

もし、今のホームページに上辺だけを書いているようであれば、本音を書いたほうが好転していきます。

友だち関係で例えて見るとよくわかります。上辺だけで付き合う友達とあなたは、どこまで仲良くなれますか。そんな友達に自分の悩みを相談したくないですよね。

友だちになるためには、気兼ねなく本音で付き合える関係、お互いに言い合える状態こそが、親友という物に変わるのではないでしょうか。

ホームページは、あなたの第一印象を決めるものです。上辺だけではなく本音を、営業の時に心を込めて話すようなことを書きましょう。

また、それを書いた時期も確認します。5年前でしたら、今はもっとお客様へ提供できるサービスや職人の技術力などが大きく上がっているのではないでしょうか。言わなくてもわかっていると本人は思うかもしれませんが、わからない社員たちが信じるものは、ホームページに書いてある文章です。

5年前の文章を、今のあなたの真意だと思って読む方も多くいます。自分は書いていない、ホームページ業者が書いた。それは事実だとしても、見ている人はあなた＝ホームページの文章なのです。そうなってしまいますと、5年前のご自身で全てが止まってしまいます。

上辺しか書いていない場合は、いくらご自身の性格がよくて、人間的に素晴らしい人でも、インターネットからは本物のお客様は寄って来ません。

会社は成長しているのに、思った以上の伸び率がないなと思う方は、ホームページを疑ってみてください。

私は、ホームページを8年ぶりにリニューアルしました。すると、自分自身は変わったという意識がないのに、周りの評価が全く変わりました。何よりびっくりしたのが、紹介が増えたことです。

これまでに良い結果を出しているのに、紹介がなくなぜなんだ・・・ホームページは紹介されにくいものなのかと本当に悩んでいました。

そして、紹介されるような仕組みも何度も考えて、実行しては失敗していました。もうこの業界に紹介はない、リピーターを大切にしようと考えて8年間運営していました。

しかし、リニューアルをすると紹介が多く生まれるようになりました。8年悩んでいた「紹介」という壁がホームページが原因だったなんて思ってもみませんでした。

作成したお客様のホームページの売上を上げて、その友達を紹介してもらうだけですので、ホームページの内容なんて関係なく、とにかく作成したお客様のホームページが売れているのですから、紹介されるに決まっていると勘違いしていました。

私の人間性も会社の特徴も知っているんだから、ホームページはもう見ないだろうと勘違いしてたのです。十分に伝わっていると勘違いしているだけで、何度も言わないと伝わらないのです。

まさにホームページ＝自分だということを痛感しました。

既存のお客様。それも成果を出しているお客様でさえ、忘れているのですから、新規のお客様にはもっと伝わらない状態です。このような状態にならないためにも、文章を書き直したほうが良いです。

結局、リニューアル後はホームページの単価をしっかりと理解していただけるようになり、新規のお客様と話す時間がかなり短縮しました。

また金額も最初からわかって頂けるお客様も増えております。また、紹介も増えて、既存のお客様からも、もっと愛されるようになりました。

会社の内部は変わっていなく、見てもらえるものを変えただけです。その結果、会社の売上は大きく伸びていきました。経営の行き詰まりをホームページ1つで解消できました。

良い会社になっているのに、なにか伸び悩んでいるなと思っているのでしたら、ホームページを変更してみてください。周囲からの見る目が変わるようになっていき、良い会社と認識されていくようになります。これは、業種関係なく、私がリニューアルしたお客様全般で起こっている事実です。

当社が手がけたリニューアル例
http://www.web-f.net/jdetail/ziseki-ouchi.html

第4章

スマートフォンサイトづくり
実践編

1 スマホサイトのメリットと将来性

スマホサイトのメリットは、ＰＣサイトの半分以下の情報量で売上を上げられた点です。そのため、そこまでホームページを作成する労力をかけなくても「売れる」サイトが出来ます。

予算の都合上、スマホサイトだけに力を入れて運営をし、売上を大きく上げている会社もあるほどです。スマホでは表示出来る画面が少ないために、デザインをする箇所が自ずと少なくなりますので、内容を少し入れるだけで繁盛しているように、訴求力が高く見えるようになります。

すべての業種にスマホが有効なのかと言いますとそうではありません。

次の統計結果をご覧ください（弊社管理のお客様のアクセス解析の統計結果です）。

・整体業界　35％
・美容業界　78％

・ホームページ業界　15％
・アパレル業界　65％
・歯科業界　30％
・税理士業界　13％
・葬儀業界　40％
・不動産業界　42％
・便利屋業界　37％

これらの数値はスマホで見ている人のパーセンテージです。美容業界は圧倒的に多い状態にあります。わざわざパソコンのサイトを見なくても、すぐに決められるものはスマホで検索します。

これとは逆に税務相談のような、よく悩んで決めないといけないものはパソコンサイトで選ぶ傾向にあります。

スマホは人に見られたくないパーソナルな内容の場合にもよく使われます。

また、お客様があきらめている部分では、スマホを使って検索するケースが多いように思えます。病院や美容業界ですと、正直多くのホームページに特色が書いているのではなく、未だに料金体系や、ありきたりな院長の声、診療科目や院内の写真、営業時間と言った、お客様から見て判断できない情報が羅列してあります。

そういった業界では、お客様はホームページに期待をしていません。見るのは、地図と営業時間のみです。その会社が良いのか悪いのかは、人づての口コミや口コミサイトで検索をする。

この様な流れになっているので、あまり期待をせず、口コミサイトが正しいのか、自分の目でチェックするために確認を行います。

そのため、老舗の企業は繁盛をするのですが、新規のクリニックなどは口コミができないため少し出遅れる傾向があります。

新規の病院や都会の病院で繁盛している病院によくある話で、乱立する病院の中で口コミが起きにくい状態では、引っ越してきた人をターゲットにします。

わかりやすいホームページを作成して、単身赴任や家族で引っ越してきた人など、まだ地域に馴染んでいない人に向けて情報を発信します。徐々に信頼を集めて口コミを拡げていくことで、予約が埋まっていき繁盛店になる傾向があります。

このように人はどこかで自分が行きたいと思える情報をかき集めてきます。ですので、スマホでの閲覧が多い業界、パソコンでの閲覧が多い業界と別れる結果になります。

ご自身の特性を理解して、どちらに力を入れるべきかをハッキリとさせたほうが良い結果になります。

余談となりますが、ヤフーオークションと楽天ショッピングでは、スマホからはスマホページを閲覧させています。

その結果、楽天ではメーカー品などは「商品がしっかりとしている」というユーザーの心理でスマホページでも売れやすくなっています。

しかし、認知度が低く広まっていない商品は、簡単なスマホページでは売れにくい傾向にあり、ＰＣサイトをしっかりと閲覧してから購入する流れがあります。

この手法を逆手に取って、ヤフーオークションでは詐欺が横行しています。PS4やiPhoneの箱だけを出品して、あたかも商品が入っているように見せかけて、落札させるケースがあります。

パソコンサイトで見ると、騙されにくいのですが、スマホサイトで見てしまいますと、確認をせず入札から落札をして騙される結果になります。

商品のブランド力が高いと、ついつい信頼をしてしまいます。ですので、ご自身のブランド力を上げられたら、ホームページではあまり書かなくても売れていきます。

しかし、ブランド力がなければ、色々と書いた方が人は信頼をしてくれるようになります。

2 指で広げて拡大が常識!? スマホ画面のワナ

スマホが片手にあるユーザーは、何かわからないことが起きると直ぐに検索をします。それもかなりピンポイントで検索をします。

この前、私は断食をしていた時に頭痛になりました。すると、次の瞬間に、断食 頭痛 治す方法と検索をする。「はちみつを食べれば治る」という記事を見つけてすぐにスマホを閉じて、はちみつを食べました。

その後3時間ほどして頭痛は消えていました。ここまでは一般的な使い方です。しかし、サイト運営者からしてみるとたまったものではないと思います。検索だけして見たいものだけを見て、すぐに帰る・・・サイトの運営者は利益がありません。

ではなぜこのようなケースが起きたのかを説明して、解消していきたいと思います。まずは、私が見たサイトはスマホサイトではなく、パソコンサイトでした、それをスマホで見た形となります。

その結果、「ピンチアップ」という2本の指を使用して、拡大をする操作しなければい

スマホの画面を拡大して表示することを
「ピンチアップ」と言います。

もはや日常操作となったピンチアップ

けなかったのです。

スマホでもPCサイトが見られるため、「スマホユーザーも大丈夫！」という認識があるのですが、ピンチアップをしてしまうとピンポイントで検索をしてきた、その記事の部分しか読みません。ほんとうに見て欲しい部分をみせられません。

しかし、スマホサイトが存在した場合は、「はちみつを食べろ」の記事の下にすぐに、「はちみつを食べるよりもっと効果的に断食をする方法があります！」という広告を載せられます。

私は当初こう考えていました。

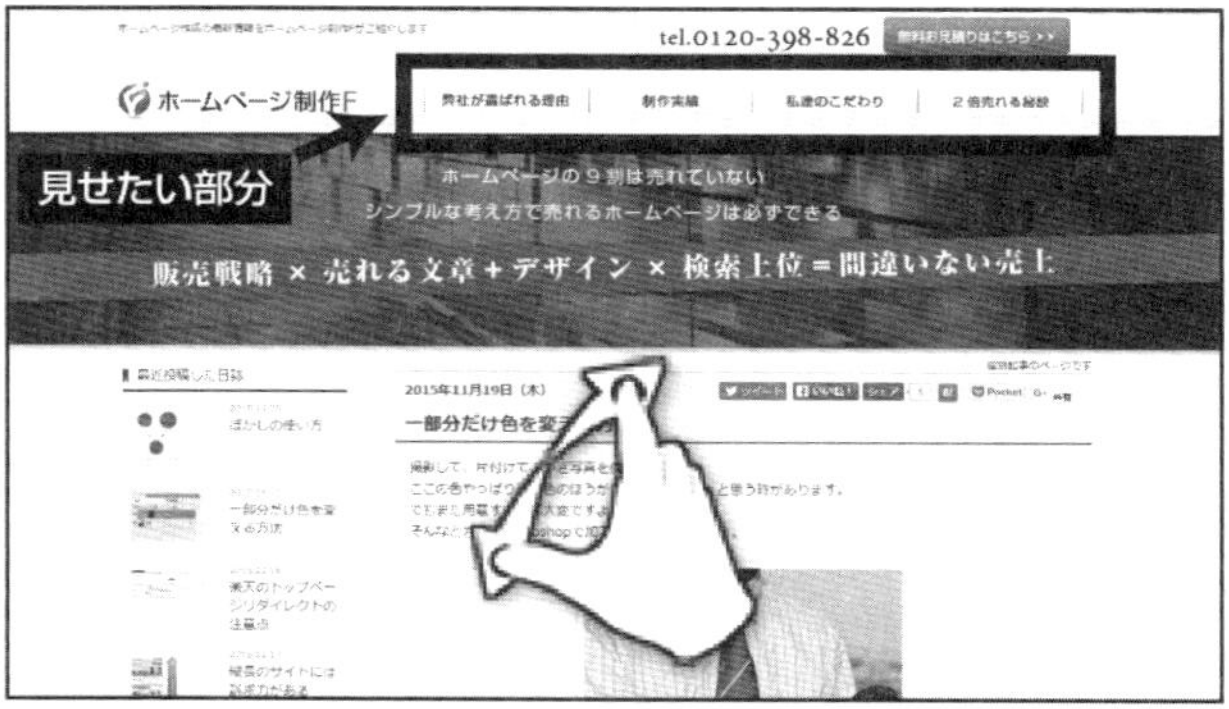

スマホで PC サイトを見る場合、**見たい部分だけを拡大します。**

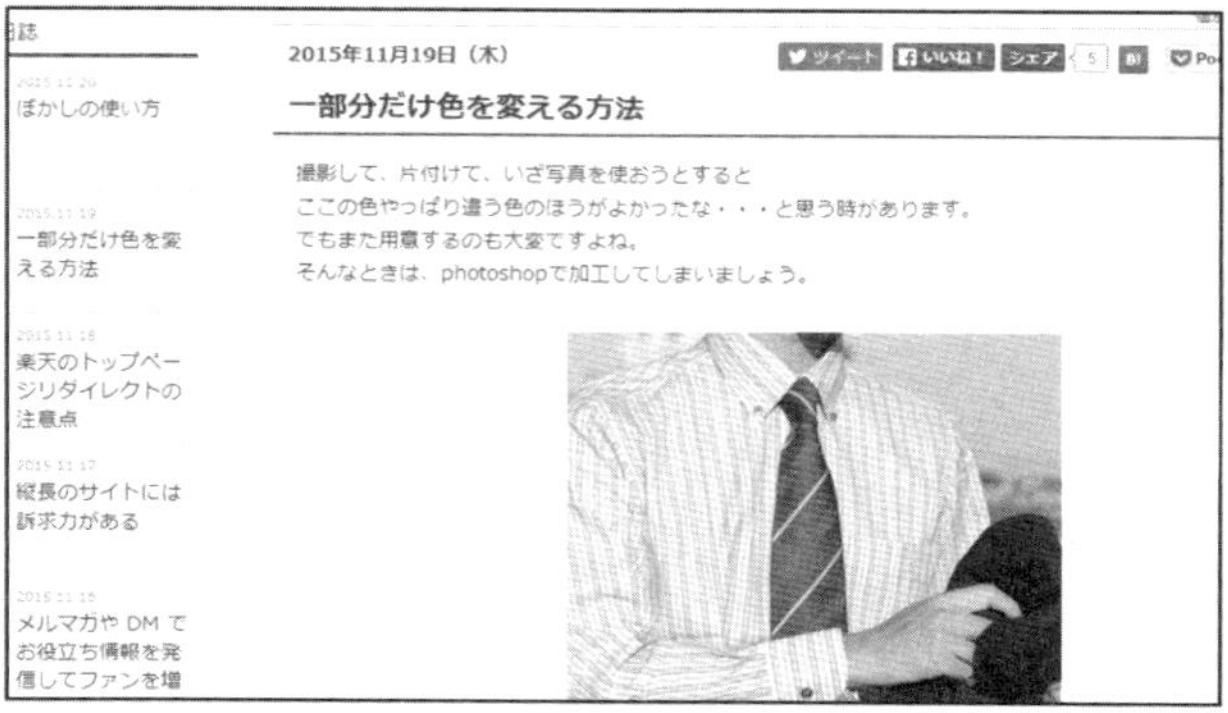

これでは本当に見せたい部分がカットされ
お問い合わせに繋げることが出来ません。

ピンチアップの弊害とは!?

・パソコンサイトではクリックを3クリックしかしない。
・3クリック以内に購入をさせなければいけない。
・お客様のストレスを減らすのが注文につながる大前提である。

スマホでパソコンサイトを見る場合は、ピンチアップさせることで「お客様のストレスが上がり注文が減ると」考えていました。

しかし、そうではなく、ピンチアップ（拡大）してしまうと、見せたい広告が画面上から無くなってしまうのです。見ているユーザーも見たいものがないのであれば、このサイトに用がないと思い帰ってしまいます。

パソコンでは見られる興味深い情報が表示されないのです。スマホユーザーは、暇な時間に見に来ているので時間は結構あります。

ですので、どんどん見せることが出来れば注文には確実に結びつきます。

ピンポイントで、いきなり自分の思考回路を検索してくるのがスマホです。

以前であれば、人に聞いていたような事柄までも、すぐに検索するようになっています。

パソコンの前に行くと、あらかじめ検索しようとするものを検索するのですが、スマホだと全く違います。

スマホサイトはしっかりとお問い合わせに繋げられる
「断食中の頭痛を治すには、
はちみつを食べろ！」
断食中の頭痛を治すには、はちみつを食べると
良くなります。
非営利情報＊＊＊＊＊＊＊＊＊＊＊＊＊＊＊＊＊＊
＊＊＊＊＊＊＊＊＊＊＊＊＊＊＊＊＊＊＊＊＊＊＊＊
＊＊＊＊＊＊＊＊＊＊＊＊＊＊＊＊＊＊＊＊＊＊＊＊
＊＊＊＊＊＊＊＊＊＊＊＊＊＊＊＊＊＊＊＊＊＊＊＊
＊＊＊＊＊＊＊＊＊＊＊＊＊＊＊＊＊＊＊＊＊＊＊＊
＊＊＊＊＊＊＊＊＊＊＊＊＊＊＊＊＊＊＊＊＊＊＊＊
＊＊＊＊＊＊＊＊＊＊＊＊＊＊＊＊＊＊＊＊＊＊＊＊
＊＊＊＊＊＊＊＊＊＊＊＊＊
１時間で効果がでるので是非試してみて下さい。
頭痛にならない！？
効果的な断食の方法を教えます！！
詳しくはこちら＞＞
スマホサイトはピンチアップをしないから
見せたいものもしっかりと目に入る！

スマホサイト用に訴求力の高くなる広告を入れるテクニック

疑問に思えば、すぐ考える前に検索してしまいます。

ですので、ワードがかなり幅広くなります。パソコンでは「断食の方法」「断食　頭痛」「断食　痩せる」などですが、スマホでは「断食　3日目」「お腹すく。断食　頭痛　はちみつ」「断食　不機嫌」「断食　ストレス」など感情をおもむろに検索する傾向にあります。

生活の一部分として、もう人間の思考回路の一部分として機能していますので、パソコンと違った多くの角度からのアクセスを呼べるのです。

スマホユーザーは基本的に時間のある方達ですので、興味のあるものを示したらすぐに食いつきやすい状況でもあります。

そして、小さな画面だから、騙されやすい傾向にあります。この特徴を理解して、パソコンサイトをお持ちの方はスマホサイトを作成して、興味を示す部分に見せたい情報を入れていきましょう。

魅力的なテキストを置いておくと、ついついクリックしたくなるサイトほど売れるサイトになります。

社章で３位になっている会社様の実際の内容です

PC の検索		モバイルの検索	
	クエリ		クエリ
1	社章	1	社章 紛失
2	山脇マーク	2	社章 複製
3	社章とは	3	社章
4	社章 意味	4	結婚式 社章
5	結婚式 社章	5	山脇マーク
6	社章 紛失	6	社章 なくした
7	社章 作成	7	社章 紛失 作成
8	襟章 作成	8	校章 作成
9	襟章 製作	9	社章複製
10	社章 複製	10	社章 作成

モバイル（スマホ）では、生活のその時を表している
ワードで検索されています。

山脇マーク製作所様 http://www.yamawakimark.co.jp/

スマホでの検索は、リアルタイムで必要なキーワードとなる。

3 スマホサイトのユーザーは、PCサイトと切り替えて見ている事実

スマホサイトだと情報量が少ないため、スマホサイトで物足りない人たちもいます。見る人はそのためスマホの機能を使用してPCサイトを閲覧するようになっています。

次のページのアクセス解析をご覧頂けるとわかるのですが、スマホサイトからPCサイトを見て、またスマホサイトに戻って・・・という繰り返しをして情報の精査をしております。

このようにスマホサイトが物足りない人達は、スマホの機能を変更してまでもPCサイトを見たい欲求があるのです。一般ユーザーにはスマホは簡易的な情報しかないのだろうなという概念でしかありません。

しかし、わざわざ面倒な機能を使用して、スマホとPCを切り替えるのでしたらスマホサイトを強化した方が、明らかに売上が上がります。

離脱しているページやPCに切り替わったページを分析して、情報量を多く載せてPCへ切り替えを行われないようにしましょう。

スマホユーザーはPCサイトも一緒にみる

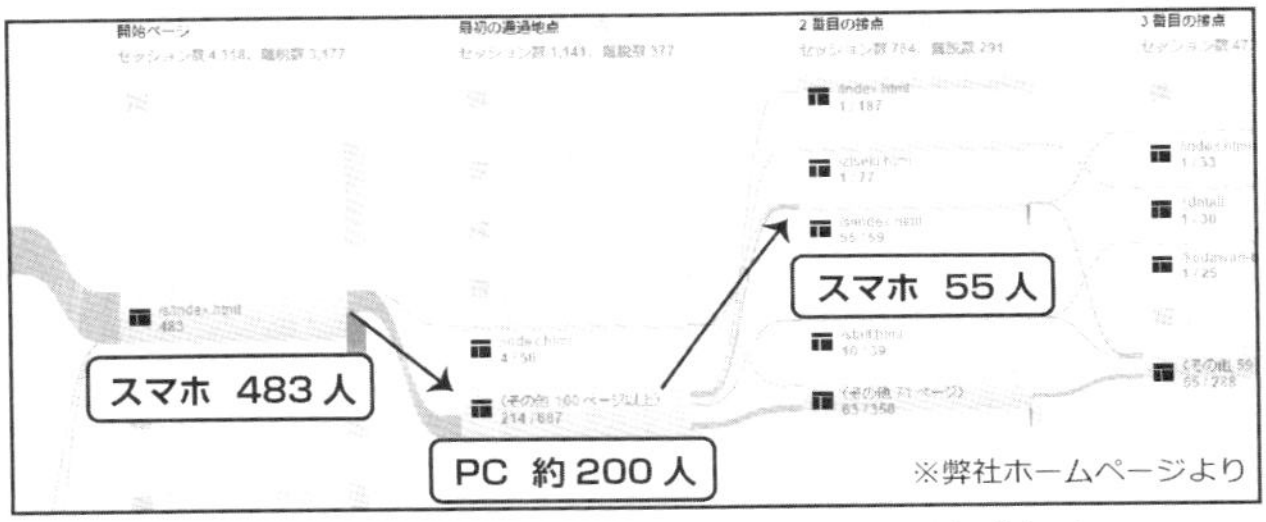

スマホサイトだと情報量が少ないため、PCサイトを
切り替えて見ている方は意外と多くいます。

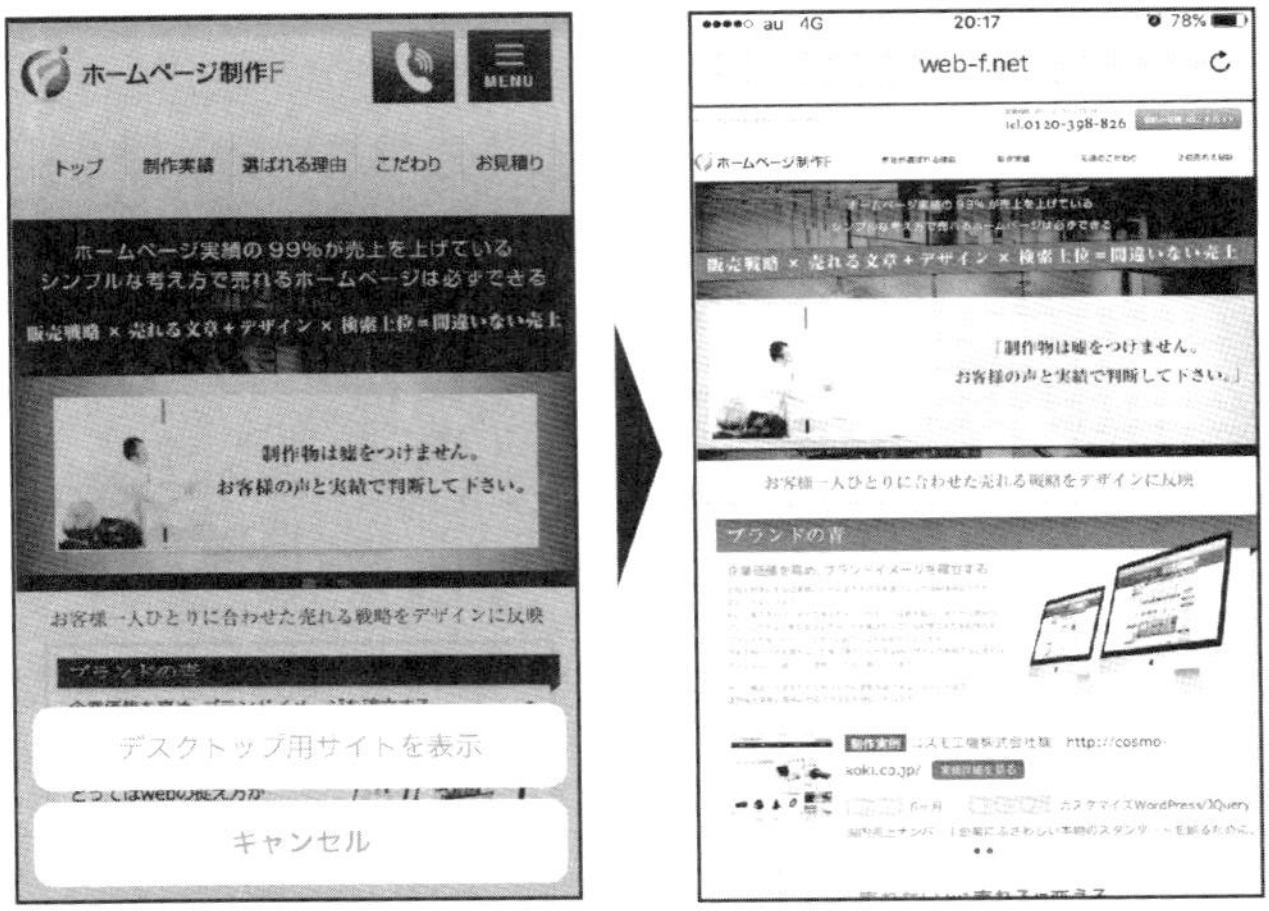

ブラウザのメニューからPCサイトに簡単に
切り替える事ができます ※機種、ブラウザによって変わります

アナリティクスにより分析したスマホユーザーの検索手段割り出し

これらの図はGoogleアナリティクスを自社サイトに設置して、「集客→行動」という箇所を見ることで、どのような動きをしているのかわかるようになっております。余談ですが、Googleアナリティクスを導入すると、直帰率とアクセス数がわかるようになります。

先日、「このホームページは200万円かけた良いホームページなのよ！　制作会社さんもすごい人でその人に頼みたかったんだけど、同業者は1つだけしか制作をしないので、作ってもらえなかったの。しょうがないからあなたの会社に頼むだけ！　これより売れるもの作ってくれますか？」という依頼を受けました。

私から見て、どう考えても売れないページだと思ったので、積極的に悪いところを伝えたのですが、憤慨してしまって理解頂けません。正しい事実を受け入れてくれませんので、「アクセス解析をみせて下さい」と伝えました。

見方がわからないというので、テレビ電話で一緒にアクセス解析を見た結果、一番自信を持っていたページの直帰率が91%以上ということがわかりました。トップページも85%以上の直帰率。多くの人が他のページを見ずに帰っていました。これはひどい結果です。

話を聞いていくと、ホームページからの問い合わせは基本的にないようです。さらに、アクセス解析は、「最初は入れてくれなかったけど、導入して、と頼んだら入れてくれた」

というお話をお聞きしました。

アクセス解析を導入してくれない業者は、ホームページに自信がないから導入しないのだと思います。結果がそこに事実として残るのでとても怖いものです。

無料のバナーやすぐにクリックさせる裏技を使えば直帰率を低くするのは簡単ですが、普通に運営をしていたら、直帰率を50~60％の所に定めておくのが重要です。ホームページの回遊率が悪くなると、売上も下がります。


これらの直帰率の低いものは、キャッチコピー1つでお客様を帰らせるか、帰らせないかを決められます。


まだまだ先を見たくなるのか、もう見たくなくなるのか、まずは第一段階となる直帰率を下げるためにスマホもPCもキャッチコピーの変更をしてみて下さい。

良いサイトになればなるほどアクセス解析の数値だけを見ても答えは出ませんが、駄目なサイトほど、アクセス解析の数値は嘘をつかないようになっています。

業者から「毎月2000ほどのアクセスが有りますよ」と、言われた方もGoogleアナリティクスが入っていませんでした。

ところが私の会社で導入した結果、アクセスは1日あたり1人でした。それは、私がア

いきなり無料のバナーを置けば、
クリックしてもらえる可能性は高いので、
当然直帰率は下がりますがこれは無駄です。

・最初にメニューを多く配置しているけれど、
お客様が求めているものだから直帰率も低く滞在時間も長いサイトとなります

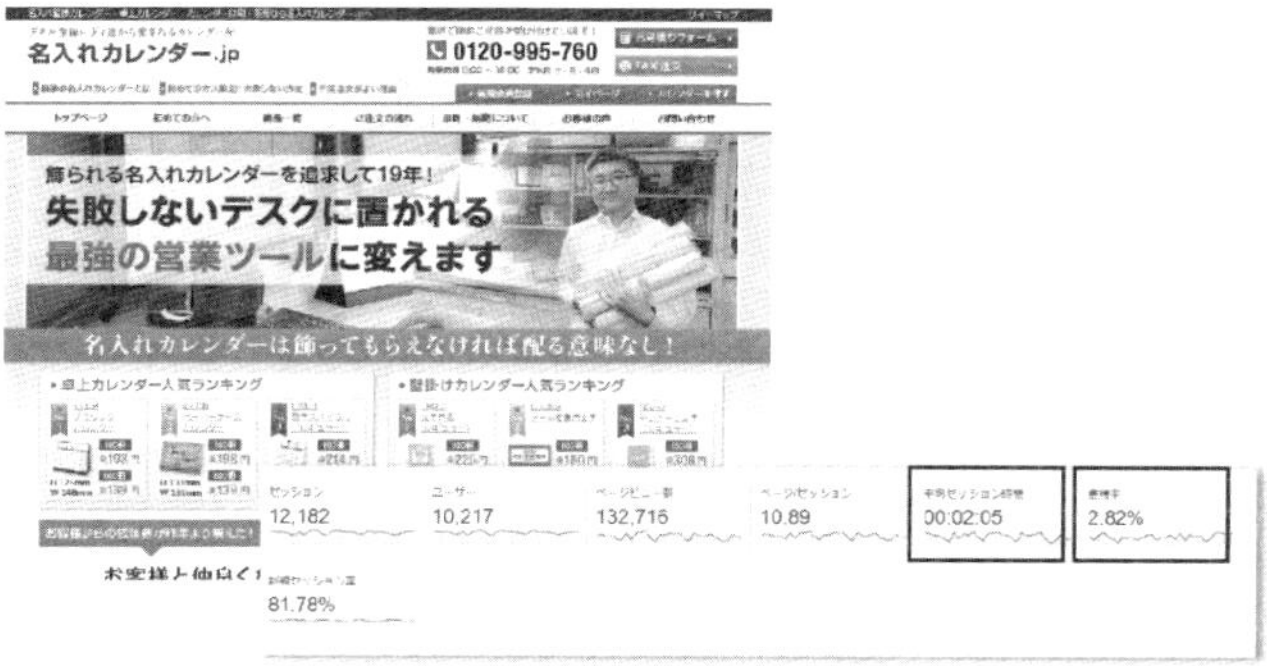

・最初にクリックできるところがないけれど、
お客様の心をしっかりとつかみ、直帰率の低いサイトとなります

無駄なクリックをさせずに直帰率を下げる

同じホームページでもキャッチコピーを変えるだけで、
回遊率と売上げが上がる

→ エクステリアを機能的に、実際の生活を思って考えたい気持ちにさせる狙いだったが、
まわりくどいキャッチコピーになってしまっていた。

→ 理想のエクステリアへの想いが広がり、わくわくさせるキャッチコピーに。

回遊率を上げるキャッチコピー例

クセスをしたからです。この方は飲食店専門のホームページ業者に頼み200万円もかけていました。そこで200万円をかけたから、「お金がないのであなたの会社では安く売れるものをお願いします」

財政事情の話はわかりますが、私が「分かりました」といえるはずもなく断りました。人生を左右するものなので、一緒に付き合える、一生付き合える仲で仕事をしたいものです。その結果が「売れる」につながると感じております。

4 スマートフォン技術編

スマホサイトの現時点でのお手本は、私はアプリにあると思います。最近で有名なゲームアプリですと、LINEのツムツムやパズドラ、モンスターストライクでしょうか。

これらのアプリは、1画面でスクロールをしなくても遊べるようになっています。分かりやすいアイコンを使用しており、直感的に全ての操作が出来る設計です。

このような画面が一番スマホでは認知されており、この画面ではないスマホのゲームはあまり人気になっていないようです。

そう考えると、スマホのホームページも真似をしていったほうが懸命です。ＰＣサイトでは、クリックをさせないように縦長のサイトでスクロールをさせたほうが良かったのですが、スマホサイトでは極力1画面に収まるようにスクロールをさせないような作りのトップページが良いです。

瞬時に見たいものが見つけられ、クリックをさせていきます。クリックした先のページは、お客様が見たいと思った情報ですので長くても良いのですが、至る所に次にいける仕組みを入れておかなければいけません。

このようにして、飽きやすいお客様を、どんどんクリックさせて迷子にさせるのがスマホサイトでは売れる方法となります。

ＰＣサイトでは迷子にさせると一気に出て行くのですが、スマホの場合、ゲームでタップやスライドは慣れているので、トップページで全てを伝えなくても大丈夫です。スマホサイトではクリックをさせて迷子になればなるほど、のめり込んで面白いサイトと勘違いしてどんどん入っていきます。

そのため、クリック数が多いサイトほど売上が上がるサイトとなります。スマホで、ヤフーオークションをするとわかるのですが、ＰＣサイトより熱中してしまい、どんどん入

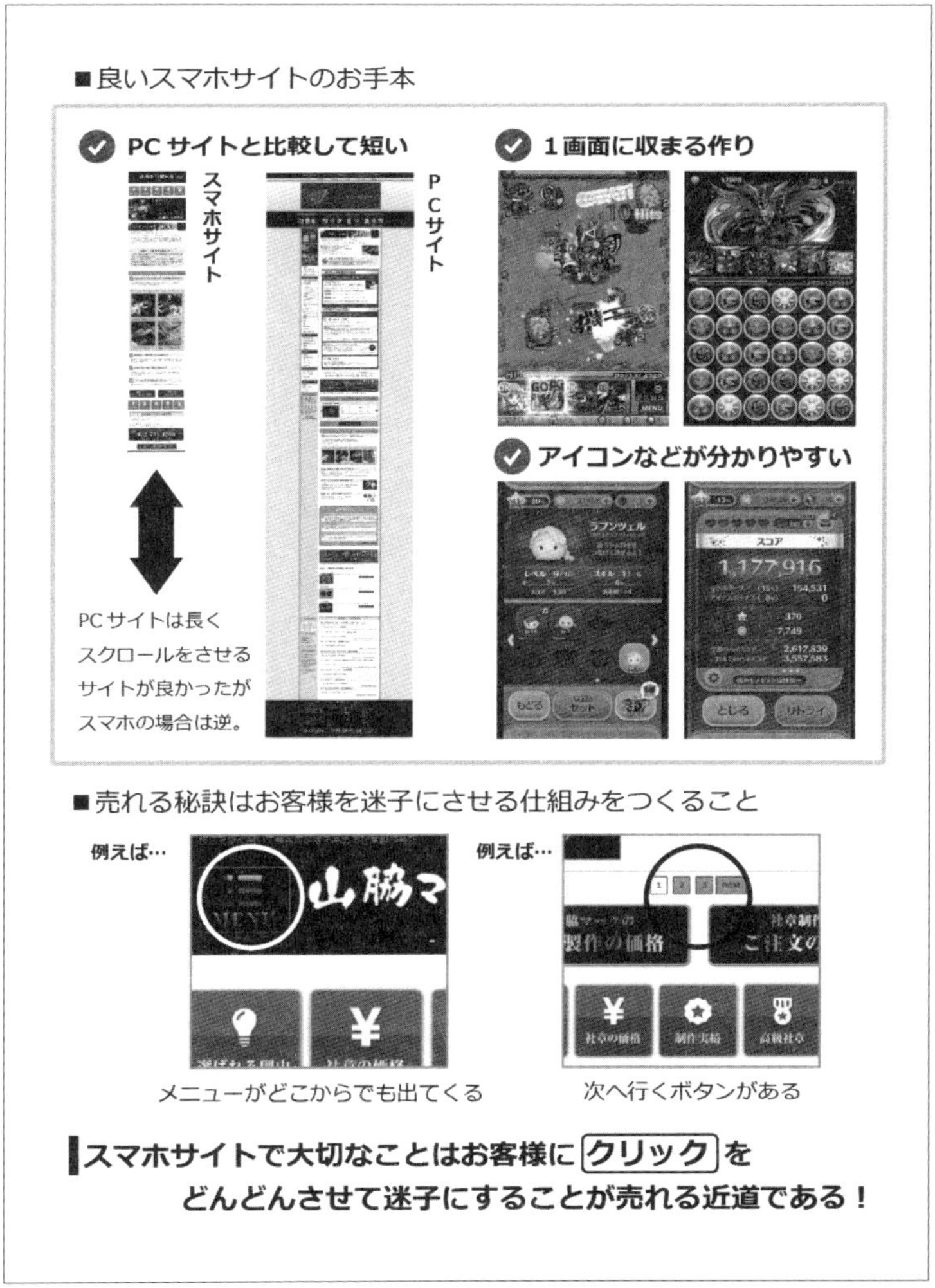

ゲームアプリサイトに学ぶホームページ構築例

札をしてしまいます。

スマホは小さい画面だからこそ、集中しやすい中毒性があるようです。スマホゲームもその特性を活かして課金をさせているように思えます。

5 パソコンで1番クリックされて滞在率の高いページを目立つ所に

ＰＣサイトからスマホサイトを作る場合では、ＰＣで売れている流れを再現できれば、必ず「売れる」サイトが出来上がるようになります。

先ほど説明をしたGoogleアナリティクスを使用して、ＰＣサイトで1番クリックが多い場所を確認していきましょう。そのクリックの多い箇所をスマホページでは一番目立つところに置いて下さい。

このように置くことで、ＰＣとスマホでも同じような流れが作れます。その結果、ＰＣと同じような心境でお客様は見るようになり、同じタイミングで注文をするようになります。

ＰＣサイトで売れているのに、スマホサイトだと売れない理由に、この配置に問題がある場合が多くあります。

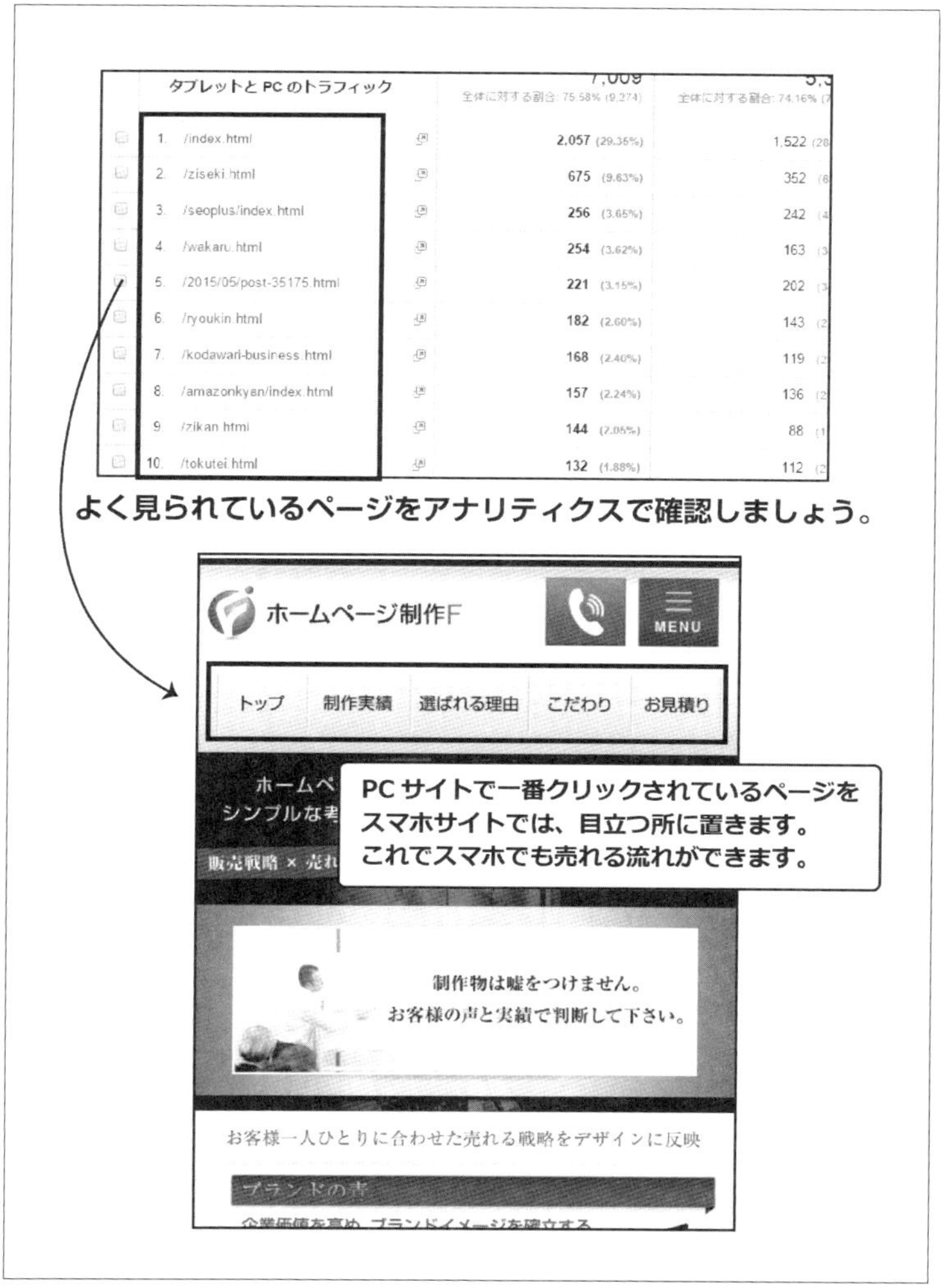

PCサイトの流れと同じ流れにすると売れる

人気の高いページをしっかりと調査してから配置をして下さい。また、電話をすぐにかけさせるようにボタンを配置すると、多くのページを作る必要がなくなります。

トップページを見た瞬間に電話ボタンをクリックして、スマホに慣れていない、調べる前に聞いてくるお客様を、しっかりとお問合せにつなげられるようになります。

電話番号を各ページにしっかりと置けば、もう見るより電話をかけるほうが早い。ページ数が少ないけれど、「後の内容は電話で聞けばいいや」というような、気持ちにシフトできます。

このように電話番号が目立つところにあるだけで、ホームページ上での多くの欠点を解消してくれるようになります。


ですので、ページ数が少なくても訴求力が高くなるようになります。その代わり、直ぐに電話をさせてしまいますと、商品説明を最初からしなければいけなくなってしまいます。「なんであなたの会社は高いのですか。他社との違いはどこですか」という、ホームページに書いてあることを最初から説明しないといけないお問合せが多くなり、ホームページに書いてある意味がなくなるのは確かです。これでは営業に割く時間も増えてしまいます。

料金が安い会社は良いのですが、他社より料金が高い会社の場合は、しっかりと説明をしなければいけない事例が多く起きてしまいます。30分しっかりと説明をして、仕事にならないケースも多くなります。

そのため、ホームページに書いてある内容をしっかりと読ませてから電話をかけてもらい、あとはお客様を安心させるだけにするのか、電話だけをかけてもらえれば、営業がクリアするのかを、しっかりと決めてスマホの制作をすると良いと思います。

また、スマホは直ぐに電話がかけられるからこそ、キャッチコピーに緊急性を持たせてあげるのも一つの手です。


キャッチコピーが強いと、お客様は直ぐに電話をかけたくなる暗示にかかってしまいます。しかし、お客様の心を意図的に動かそうとすればするほど、その時は動いてくれるのですが、ある一定の期間が経つと、お客様から飽きられてしまいます。

極力過激でないキャッチコピーでお客様が納得をして、行動してくれるホームページを運営していくのが、信頼とブランド力がつく第一歩となります。

過激なキャッチコピーは一番簡単な手法となり、他社が簡単に真似をします。あなたが強いキャッチコピーを置いた次の日には、他社も電話番号を一番目の前において、強いキャッチコピーを置くことで簡単に真似をすることができます。

真似された時にするのは、まだ派手なキャッチコピーを置く。さらにライバルが派手なキャッチコピーを置く。そして、双方とも体力を消耗していき、お客様からも飽きられて

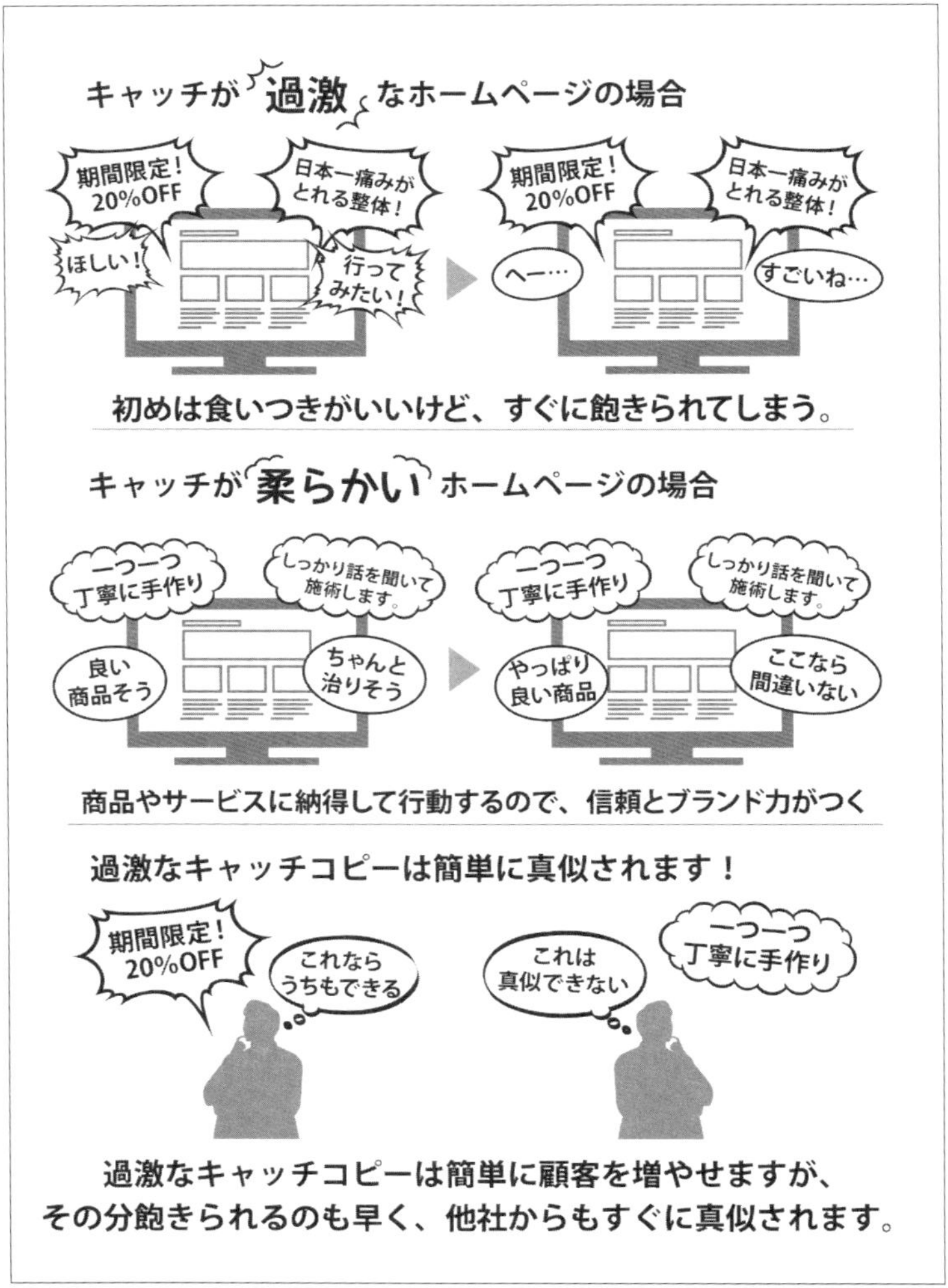

信頼とブランド力がつくキャッチコピーとは

破滅の道に向かってしまいます。

ドンドン身を削り、反応は高いのですが、利益は低い状態が出来上がってきます。麻薬のような状態の到来です。

経営者からすると、インターネットのお客様は毎日変わると思っているかもしれませんが、実際のところ1つのキーワードで検索するお客様は同じ人が多いものです。他社の顧客情報と自社の顧客情報が被る会社様が多いです。

なぜそのようなケースが起こるのかといえば、お客様は1度で決めないからです。何度も同じキーワードで調べて、1年近く検索してやっと頼む人もいます。

人は多様なキーワードで検索するわけではなく、注文する時は同じキーワードを何度か検索して注文に至ります。ですので、毎日新規がザクザク来るわけではありません。

1年間キャンペーンをして、すべてのキャンペーンを見て注文する方もいます。

インターネットは、即決するようなイメージですが、そうではなく、今日見に来た人も必ずもう一回見に来ます。

私のホームページのアクセス解析では、新規訪問者は63％となります。

100人来ても37人は2回以上見ている方です。この状態を見る限り、インターネットは、お客様がザクザク来るような状態ではなく、リピートのお客様をいかに大切に育てなければ食い尽くしてしまうという事実がよくわかると思います。

毎日100名の方が新規で来るのであれば、方法論はたくさんあります。しかし、基本的には半分は再訪ですので、派手なキャンペーンをすればするほど、「またやっている・・・」と白けた感じで傍観されてしまいます。

やはり、リピーターをしっかりと掴むことが肝要です。この概念をしっかりと覚えて頂き、既存のお客様に誤解されないようなホームページの運営をしてほしいと思います。

直ぐに電話をかけさせるのも、売上に直結するからとても良いのですが、目先の売上ばかりに目をやってしまいますと、何度も見ているお客様に2ちゃんねるなどの口コミサイトで悪いうわさを書かれ、インターネット上で商売がしにくくなってしまいます。

インターネットを使用して、30年先も生き残る会社になるために、悪いうわさを書かれないようにしていきましょう。

6 PCもスマホもホームページは軽いほうが良い

検索上位の評価基準として、表示速度が速い、ホームページの容量が軽いサイトが上位表示される様になっています。

検索エンジンは、いかに見ているお客様にストレス無く、より良い状況で、より良いコンテンツを表示して見せるのに重きをおいているからです。

速ければ良いというわけではなく、しっかりと画像や動画を使いわかり易く説明をすればするほど、上位表示される結果となります。

動画を使用すると、ホームページの内容がもっとわかりやすくなるので、上位表示されるケースも多くなっております。しかし、動画をホームページに埋め込み、見せるととても重くなってしまいます。その結果、表示に時間がかかるなどの弊害が起き、結果として順位が下がるケースになってしまいます。

これを解消するためには、ホームページに動画を埋め込むのではなく、Googleが運営をしているYouTubeにアップして、YouTubeから動画を呼び出せばホームページが重くならずに順位を上げてくれるようになります。

このようにをYouTubeに動画をアップした後に、ＨＴＭＬというコードが出てきます。こちらのコードを貼るだけで、スマホでもＰＣでも自身のホームページに負担をかけずにより良い状態で動画を見せられるようになります。

多くのお客様が「動画を入れられますか?」という質問をしてきます。「動画は簡単に入

動画はYouTubeを通して掲載！

れられます」と答えると「よかったー！」という返答が多いです。

YouTubeが無い時は、動画をホームページに導入するためには、編集や動画ファイルの圧縮などをして入れなければいけないため、少し手のかかる作業でした。

しかし今では、編集や圧縮などYouTubeがある程度自動でやってくれます。人物にモザイクを掛けたり、字幕を入れたり、色味を変化したり、動画を切ったり繋げたりYouTubeの中で簡単に出来ます。このような状態ですので、以前とは全く違い手間がかかりません。

ですので、社内の風景や作業している動画などを撮り、ホームページにアップしましょう。ホームページに載せる動画はスマホカメラで取ったものでも大丈夫です。

デジカメの動画モードが容量も大きくならずにベストだと感じています。私達は4Kのビデオカメラや、一眼レフのビデオモードで撮影するケースが多く、画像も驚くほどに良いのですが、結局は圧縮して小さな画面で表示させるので、普通のデジカメのビデオモードでも画質にそこまで大差はないと感じています。

大画面で見る場合は別ですが、ホームページ用に表示されるものはＰＣやスマホの小さい画面で表示されるため、そこまで気をつけなくても大丈夫です。きれいなものが良いというわけではなく、「伝わること」が重要です。まずは手持ちのデジカメで撮ってみましょう。

YouTubeに動画を上げると、手ブレを軽減してくれたり、さらに良い映像にしてくれるツールがたくさんありますので安心してアップしていきましょう。

視聴者はあなたの動画を待っています。もっともっと会社の中身を知りたいのです。

7　PCサイトとスマホサイトの切り替えはどうしているのか

・スマホを使う人にはスマホサイトを見せる

・パソコンで見る人にはパソコンサイトを見せる

これに間違いはないのですが、スマホでアクセスした時に「このサイトにはスマホサイトがありますが、スマホサイトを見ますか？」と聞くように設定をして、お客様に選ばせるのか、それとも、有無を言わさずスマホサイトを見せるのか、分かれ道があります。

スマホサイトに自信があれば、いきなりスマホサイトに飛ばしても良いと思います。

しかし、スマホサイトのクリティが低く、ＰＣサイトに見て欲しい情報があるのでしたら、選択肢を作った方が、お客様の判断でＰＣサイトを見てくれるケースが多くなります。

それを強制的にスマホサイトに飛ばしてしまうと、スマホサイトをＰＣサイトだと勘違いして「情報不足だなぁ」とすぐに出て行く人達もいます。

つまり、スマホでＰＣサイトとスマホサイトが見られ

**スマホサイトに自信がない方は、スマホでPCサイトと
スマホサイトが見られる仕組みを作っておくのが売れる秘訣**

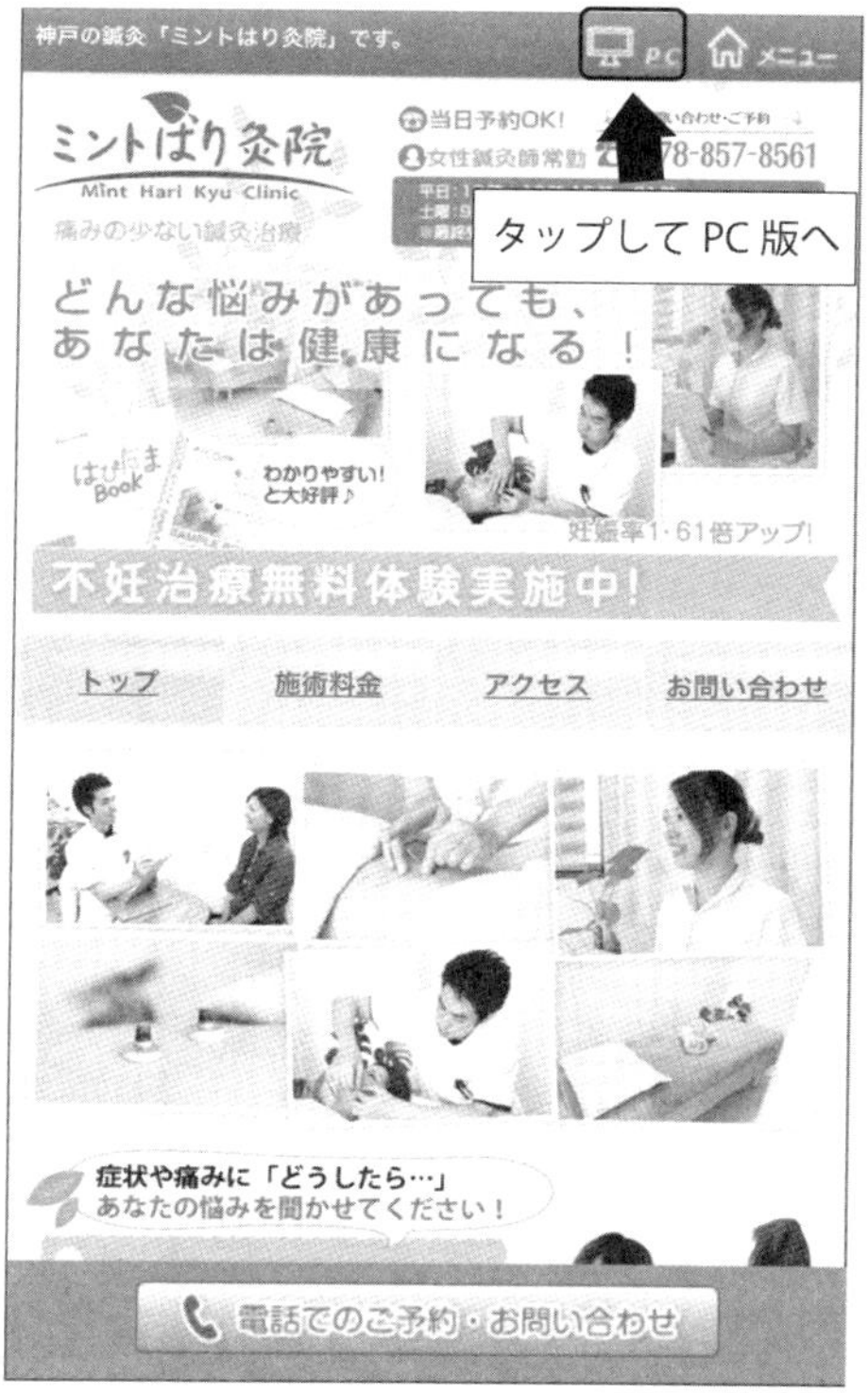

参考サイト：ミントはり灸院　http://minthari.web.fc2.com/s/

スマホ表示から、簡単にPC表示に変える仕組み

るような仕組みを作っておくのが売れる秘訣です。

8 スマホはキャッチコピーを変えてみる

ＰＣサイトはゆったりと見るお客様が多いので、少し緩めのキャッチコピーで包容力を出す方が効果的です。しかし、スマホサイトでは、少し強めのキャッチコピーを試してみましょう。

簡単にいえば、パソコン版では「あなたにあった提案」をしています。スマホ版では「〝今の〟あなたにあった提案」をしています。

「あなたにあった3つの提案をします」など、少し具体例を出して、訴求力を上げたほうが良い結果が出ております。

ＰＣサイトではクリック一つでライバルサイトも見られますが、スマホは表示速度も通信速度も遅いため、何社も見ない傾向にあります。

また、見たい情報だけを見て帰るお客様が多いため、少しだけでも強引に引き止めてあげなければ次のステップに行きません。キャッチコピーを少し強めにすることで、スマホユーザーはすぐに行動に移してくれるようになります。

スマホは、メールを打つこともできれば、クリックさえすれば電話番号を打たずに直ぐに電話をかけられます。

思考から行動が直結しているツールとなりますので、お客様に行動をさせていきましょう。

9 スマホサイトが出来上がったらQRコードを生成する

どこからでもアクセスが出来るようにQRコードを発行しておきましょう。

チラシやカタログ、フェイスブックなどにQRコードを貼ることで「この会社はスマホサイトを持っているのだな」と認識させられます。その結果、「ホームページを見てみようかな」という気持ちを誘発させられるのです。

実際には、多くの方はQRコードではなく、会社名で検索しますが、QRコードでお客様の気持ちを惹きつけて、アクセスを稼ぐことが出来ます。

QRコードは、以下のサイトなどから1分程度で簡単にできるので試してください。

https://www.cman.jp/QRcode/

QRコードは1分でできます！
https://www.cman.jp/QRcode/ にアクセス
QRコードを作成する文字列
http://www.web-f.net/
作成したいサイトのURLを入力
(例)http://www.cman.jp/QRcode/
「説明」でURL、メールアドレス、電話、地図などの入力例があります。
説明
バージョン(セル数)
【推奨】最適セル数に自動調整
説明&変更
作成する大きさ
【推奨】3倍
誤り訂正レベル
【推奨】レベルH（30%復元能力）
QRコードの色
セル色
#000000
背景色
#FFFFFF
作成ファイル形式
【推奨】GIF形式
【オプション機能】文字の重ね合わせ（必要な場合のみ）
(任意)QRコードの画像に文字を重ねる場合に入力してください
文字
文字色
フォント
ゴシック体 8pt
位置
中央
【オプション機能】画像の重ね合わせ（必要な場合のみ）
(任意)QRコードの画像にイラストを重ねる場合に選択してください
画像
位置
右下
※「ご利用時の注意事項」を必ずご確認のうえ、ご利用ください。
上記内容でQRコードを作成する
クリック！
作成したQRコード
▼小さく
▲大きく
QRコード画像をダウンロード
URLを貼り付けて
クリックするだけで
簡単に作成することができます。

すぐにQRコードを作れるサイト

10 スマホサイトでのSEO対策

スマホサイトからのキーワード検索結果は、少し前まではPCサイトと一緒の順位でした。ところが、2015年4月から規定が変わり、スマホで検索する場合は、そのホームページがスマホ対応サイトを持っていると、検索順位で優遇されやすくなってきました。具体的には、スマホで見やすいページになっているかどうかを判断基準としています。

Googleの狙いはインターネット上の全サイトにスマホに最適化したページを持たせることでしょう。

しかし、全世界の会社のホームページが全てスマホサイトを持っているかというと、今の時点では4割位のサイトしかスマホサイトを持っていません。

その中で、「4割だけを優遇して後は優遇しない」という結果を出してしまいますと、あとの6割の会社が検索エンジンから除外されます。

そうなりますと、業界によっては、まったく表示されないこともありえます。Googleで検索して、情報が全く出てこない。これは企業として大ダメージです。

ですので、今のところは、少しは優遇されているようで、そこまで大きな検索エンジン結果に響くような物はありません（2016年1月現在）。

しかし、今後スマホサイトを皆が持つような流れになってくるのは確かです。あと2年もすれば、持たない会社は、スマホの検索結果には一切出てこない・・・ということになりかねません。

そもそもGoogleには最初に実践していた人を優遇する傾向が昔からあります。今回のケースでも最初からスマホサイトを持っている会社は、優遇される仕組みにもなっていますので、極力早めにスマホページ制作の検討を始めましょう。

コラム3

スマホサイト作成のコツ（応用編）

スマホ作成において知っておくべき解像度

スマホサイトを作成する上で、どのサイズで作成するのが1番ベストであるのかを説明していきます。

まず、一般的なスマホの幅は320px程度と小さいのですが、解像度が高いため、パソコンでそのままのサイズで画像を作ると画像が荒れてしまいます。

ですので、スマホの場合には画像を倍のサイズで作らなければいけないというのがPCサイトとの大きな違いとしてあります。

倍で作る必要性から、私の会社では横幅640pxで画像を作成していたのですが、iPhone6などの登場でスマホの画面サイズが大きくなりました。

タブレットとスマホの中間くらいのかなりサイズの大きなものも出ており、これに対応するにはさらに画像を大きくする必要がありますが、あまり大きくし過ぎると表示が遅くなってしまいます。

1番見やすく将来の汎用性も過去の実機も見やすい状況を考えた上では、現段階では750pxでの制作が一番有効ではないのかと考えております。

タブレットなどの大きな画面で、スマホサイトを見せていた方もいらっしゃったのですが、タブレットではスマホサイトではなく、PCサイトを見せたほうが注文は多くなりました。大きな画面では、大きな画面用に作成したサイトを見せて、スマホからだけスマホサイトを見せる。

タブレット用にホームページを作成した時期もありましたが、効果は薄く、1つの更新をするだけで、PCサイト、スマホサイト、タブレットサイトと更新をするはめになり、手間がかかるけれど売れないという状態が発生しました。タブレットサイトは中止してPCサイトに統一をしました。タブレットはPCサイトを見せてしっかりと売上を上げていきましょう。

スマホ画面のサイズの大小

PCサイトの一般的な文字サイズは14pxが主流となっております。

以前はもっと小さい文字で表示されていたのですが、時代の進化とともに、12pxから14pxへ14pxから16pxへ表示させるような流れができています。

大きいほうが見やすいのですが、あまり文字数が稼げないため、伝えるのが難しくなります。また、文字の部分が多くなり収まりが悪くなります。

文字が小さい分12pxの方が収まりは良いのがお分かりだと思います。デザイナーとしてはそうなのですが、見る方からすれば、「小さすぎて見る気が失せる」デザインとなります。

しかし、大きな文字を書けば見るというわけでもなく、バランスが大切です。では、画面の小さなスマホサイトでは何pxで作成するのが正解なのでしょうか。

スマホの場合、12pxが本文によく使われる文字サイズとなります。ただ、前述しましたように、画像サイズは倍で作る必要がありますので、画像の中の文字は24px以上となります。

スマホの解像度とPCの解像度は異なり、スマホは実際の2倍サイズにしないと見られません。PCサイトのデザインで作成してしまうと文字がかなり小さくなってしまい、文字が小さいとお客様が拡大して見ないといけなくなります。

また、PCサイトの場合、程よい位置で改行をして見やすくします。

しかし、スマホサイトでこれをやってしまうと、スマホの端末は画面サイズが本当に様々なため、端末によっては意図しない箇所で、とても変な改行が起きて、お客様に不信感を与えかねません。

画像の場合は、そのまま縮小されますので大丈夫なのですが、今後も様々な端末が出ると予想されるため、テキストは改行をせずにホームページ上に載せたほうが得策です。自分が見ている端末で見られているから、「全て良し！」という判断は早計です。

以前、iPhoneしか持っていなく、iPhoneで見て崩れているから直してほしいという怒りの電話がかかってきました。この方はアップル信者でした。

私のiPhoneではしっかり表示されていましたし、私の会社の中でiPhone4　iPhone5　iPhone6のチェックをしたところ、こちらでは全て綺麗に見られており開発ツールでもきれいに見れているのですが、お客様のiPhoneはおかしい表示をしていました。

正しく見られている画面の写真を送り、ツールでしっかりと表示されているのを送っても信じてもらえませんので、「他で確認いただいても良いですか？」というと、「知り合いがいない。他にスマホを持っている人がいない」という話です。

このように、自分の端末が一番正しい表示だと思っている人は多いものです。

そこで、私達は、渋々とそのお客様の実機に合わせた、文字サイズの変更とデザインの変更をしました。

その結果、そのお客様の端末は見やすくなりましたが、大半のiPhone端末では見難くなりました。結果として、売上はどうなるかは、火を見るより明らかでしょう。

このような事例はかつてPCサイトでもOSやバージョンの違いでありましたが、現在ではスマホサイトでよく起こります。ＰＣサイトでは拡大表示をしていることが原因で、それを解除すれば正しいデザインとなるのですが、スマホには様々なバージョンがあり、お客様がなにか間違った操作をしているのか、バージョンが原因なのか、またはソフトが悪いのか突き止めるのが難しいのです。

　その辺はまだ整備されていないため、次のようなツールを使用して「どう見えているのか」を確認します。

　10種類以上のモバイル関連デバイスでの表示を目視できます。無料のツールのため精度は少し低くなりますが、実際に表示した時のズレなどを確認するのに適しています。

・スマホでホームページを表示した時に、各デバイスでどのように表示されるかわかるツール
http://www.browserstack.com/responsive

スマホのメニューが押しやすい大きさとは

　スマホサイトはマウスでクリックするのではなく、指で操作します。多くの人は親指か人差し指で操作をする傾向にあります。そのため、小さすぎてしまいますと、クリックが出来ません。

　ストレス無く、デザインに合うような大きさを再現するためには、ボタンのサイズを横縦４４ｐｘ以上にする事をお勧めします。

　このくらいのサイズですと、お客様はついついクリックしやすくて、次のページに進みやすくなります。

　また、メニューをクリックしやすいのもそうですが、上部にメニューを固定しておくことで、どこからでもお問合せしやすく、ページ移動を出来るようにするのが重要となっております。メニューにこのページはどんなページだというタイトルをつけるとお客様は見る前から、想像ができ

て親切なページとなります。

また、PCサイトとは違い、スマホサイトでは言葉だけでなく、視覚的に見てわかるアイコンを取り入れると好まれる傾向にあります。

電話なら電話のマーク、初めての方へなら初心者マーク、料金表なら￥マークなどメニューを押すとどうなるのかも、アイコンで表せます。

また、クリックできることを示す　＞　という記号や矢印も有効となります。

IPhoneがバージョンアップにおいて、「スライド解除」の文字と矢印があった時には1歳程の子供でもスマホのロック解除ができていたのに、「スライド解除」の文字だけに変わったことで、一切操作できなくなったという動画がありましたが、アイコンというのは、それほど誰にでも操作しやすくなるための重要なアイテムとなります。

アイコンが有るのと無いのとでは、成約率と滞在率や回遊率が変わってきます。

例えば「そんな動きをするとは思っていなかった」と思って戻るボタンを押す・・・エラー！

こんなことからも、お客様のストレスを誘発してしまいます。言葉より絵で伝えるので最初から無駄なクリックを減らし、無意識のうちにお客様からの好感度が上がります。皆さんが使っているスマホサイトでも、アイコンはあると思います。

しかし、どんな内容かは覚えていないと思います。アイコンの存在すら覚えていないと思います。それは脳が記憶する前に、考える前に直感的に使っているからです。

この直感的に使えるサイトこそ、ストレスが少ない良いサイトとなります。ボタンを大きくして、アイコンを入れて直感的に使いやすくする。お客様のストレスを軽減出来るスマホサイトを作っていきましょう。

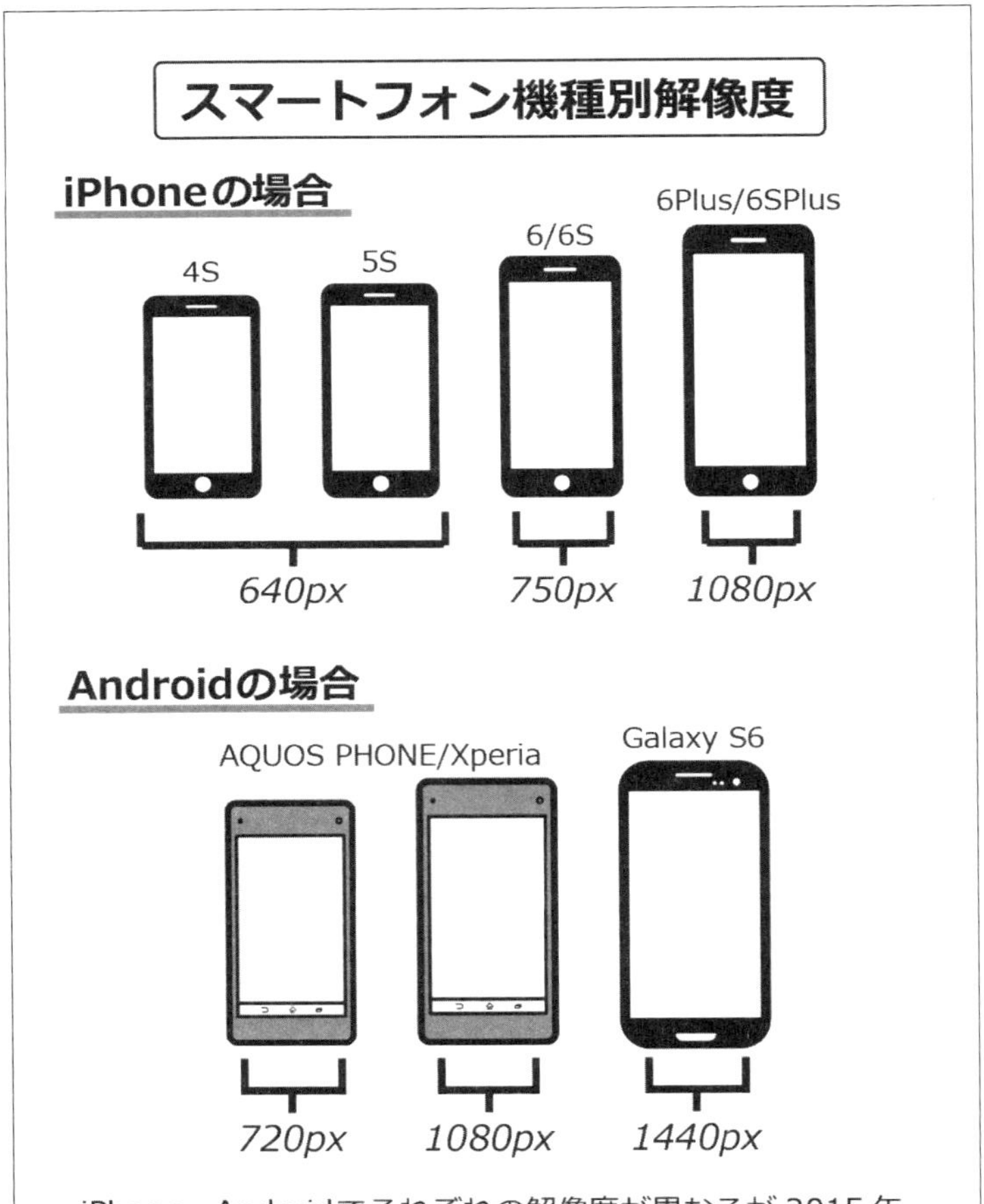
スマートフォン機種別解像度
iPhoneの場合
4S
5S
6/6S
6Plus/6SPlus
640px
750px
1080px
Androidの場合
AQUOS PHONE/Xperia
Galaxy S6
720px
1080px
1440px
iPhone、Androidでそれぞれの解像度が異なるが2015年現在の主流は720～750pxのため当分は750pxでの作成が好ましい。

キャリア別画面解像度

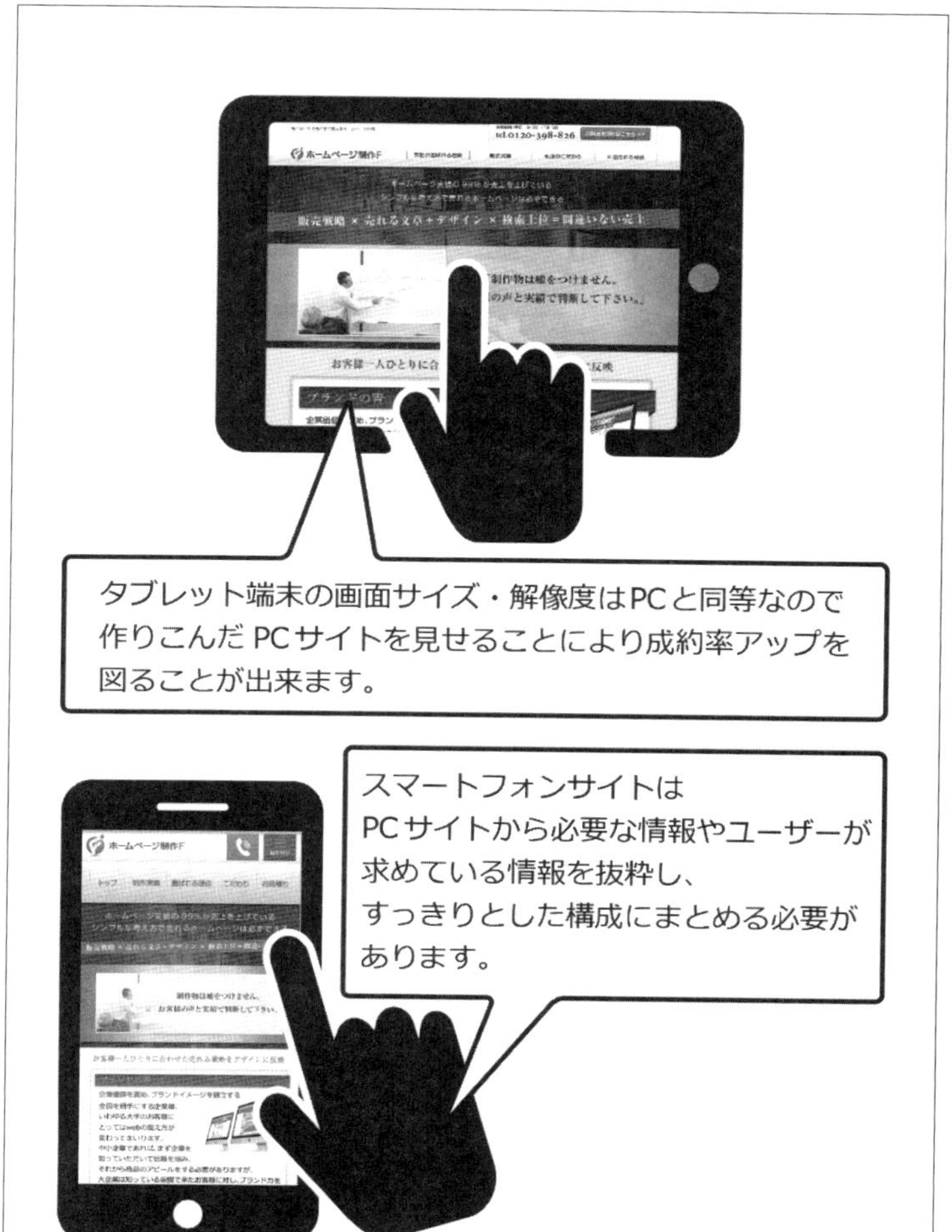
タブレット端末の画面サイズ・解像度はPCと同等なので
作りこんだ PCサイトを見せることにより成約率アップを
図ることが出来ます。
スマートフォンサイトは
PCサイトから必要な情報やユーザーが
求めている情報を抜粋し、
すっきりとした構成にまとめる必要が
あります。

顧客が多く使用する端末により表示サイズを使い分ける

デザイン時と実際の表示の違いに注意！

Android ではきれいに見えても iPhone で崩れてしまう例

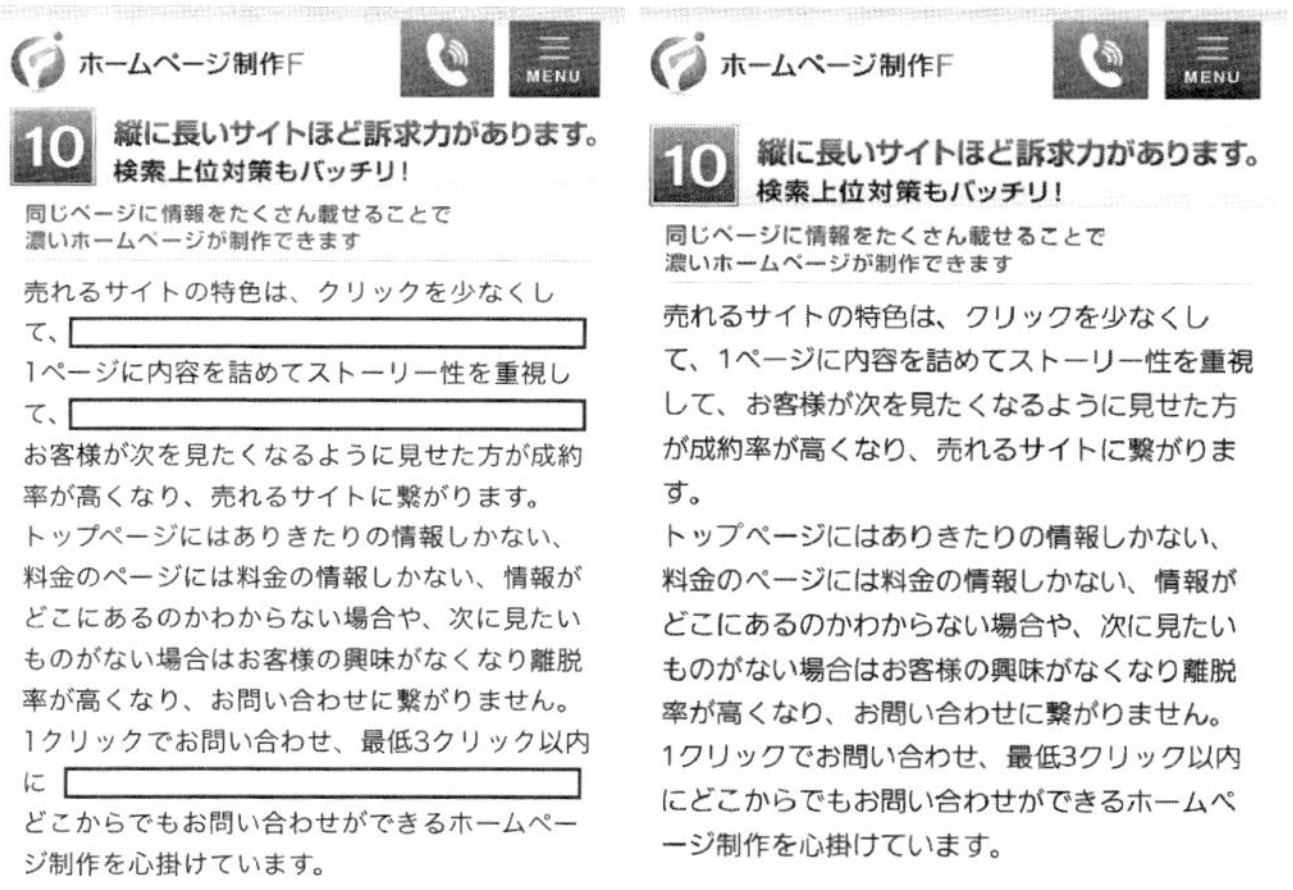

iPhone6(約 4.7 インチ) で見たとき　　Android(約 5.1 インチ) で見たとき

「〜して、」「〜以内に」で改行をしているため
このように空白が出来てしまう。
PC サイトのように「、」では改行せず、
基本的に内容が変わる時のみ改行する。

各々のスマホの画面サイズにより改行がズレたケース

スマホの確認

https://www.browserstack.com/responsive

スマホでホームページを表示した時に、
各デバイスでどのように表示されるかわかるツール。

無料のため精度は少し低くなるが、実際に
表示した時のズレなどを確認するのによい。

各々のスマホの画面サイズにより改行がズレたケース

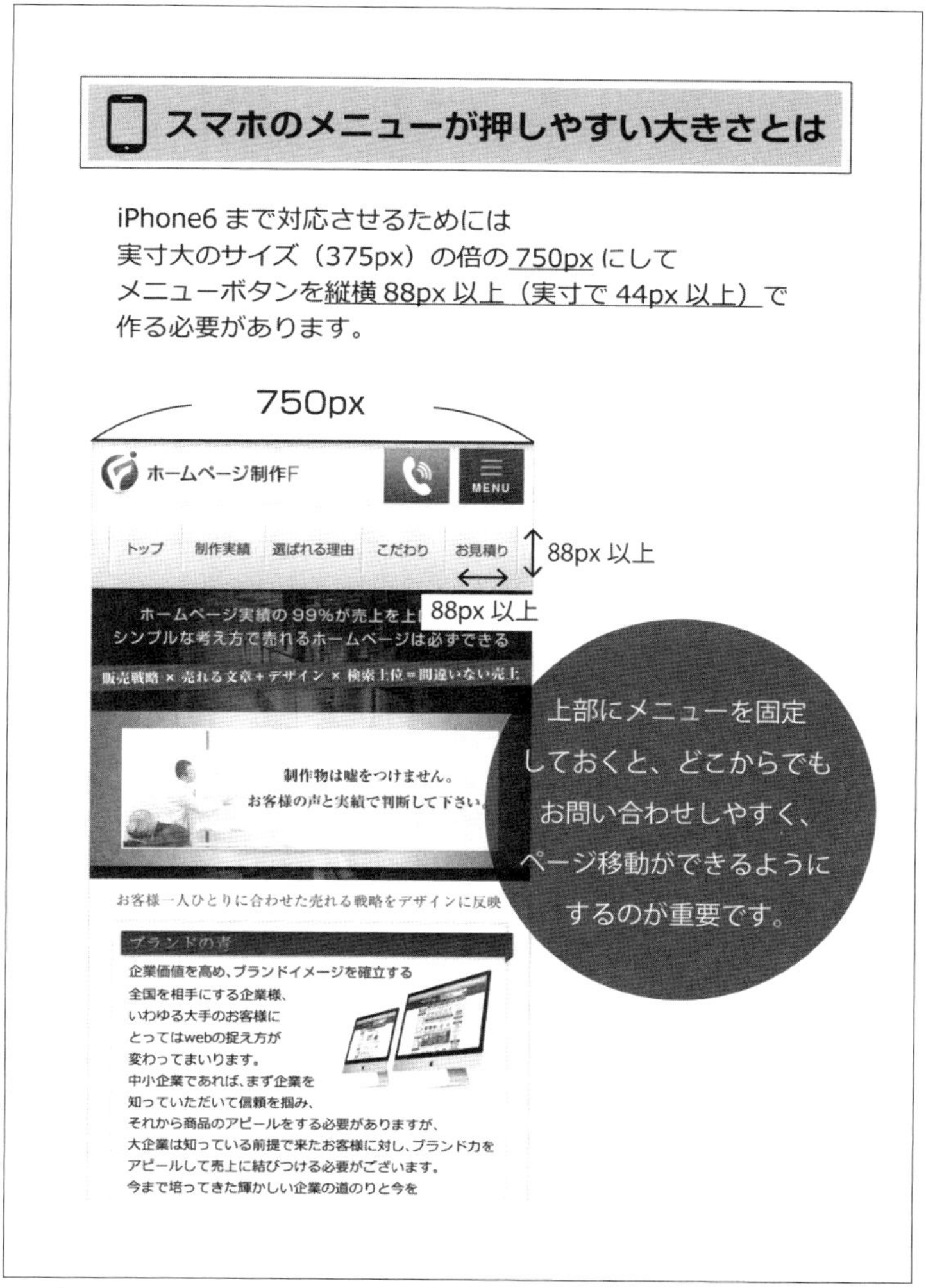

実寸大のサイズ　図 750pxの場合、88px以上で作る必要があることになる

視覚的にタップを導くアイコン例

あとがき

本書を最後までお読み頂きまして、誠にありがとうございます。

本文では会社経営者の皆さんへ向けて、ホームページを使った集客の仕方、売り上げの上げ方についてお伝えしましたが、あとがきでは、それと同時に大切な良い人材を集める方法、育てる方法についてお話します。

○良い人材が入ってくるページとは

中小企業にとって、人材確保は必要不可欠です。私が考えるに「中小企業に良い人材は入ってこない」というのは固定概念で、熱意のある社員を最初から入れることは可能です。

私の会社ではハローワークでしか求人を出しておりません。しかし、良い人が入るような仕組みを作ることが大前提だと考え、実行していますから、会社のことをとても好きになっている人しか応募が来ません。ハローワークだけの求人なのに、大企業ではないのに、給料もそれほど高い会社ではないにも関わらず、です。

中小企業は人を選べない・・そう言いますが、目をキラキラさせてくる仕組みがあります。それは、会社のありのままをすべて出しているからです。

▼採用情報

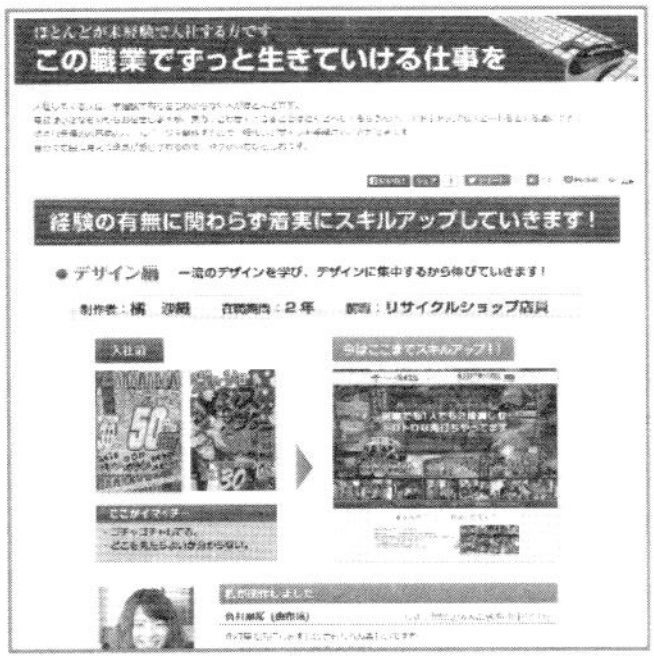

スタッフはWeb業界未経験から育っていった社員ばかり。やる気があれば仕事はできるようになるということを伝えています。

▼当社の変な決まり

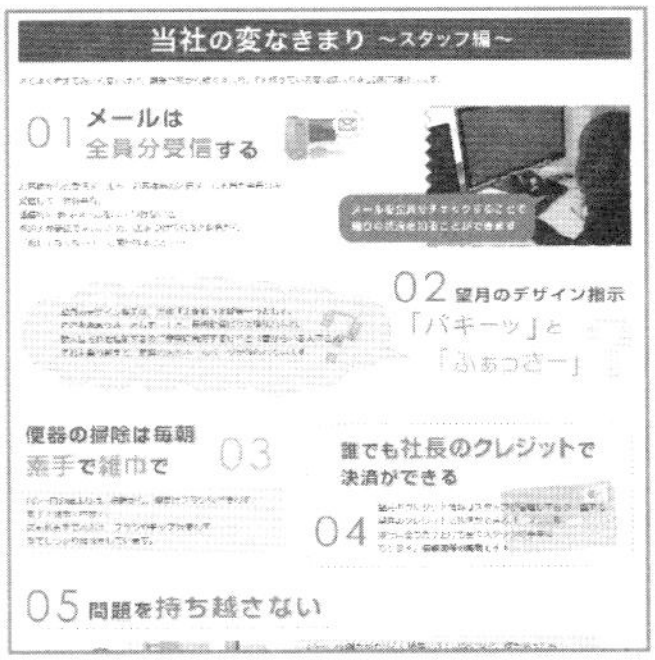

社内の暗黙の了解のような、通常外部に出ることのない社内ルールをあえて出すことで、中身まで知ってもらっています。

▼スタッフ紹介

どんな人達がどんな環境でホームページを作るのか、仕事中の様子や社内環境をスライドで見ることができます。

▼ニュースレターも全部読んでくる

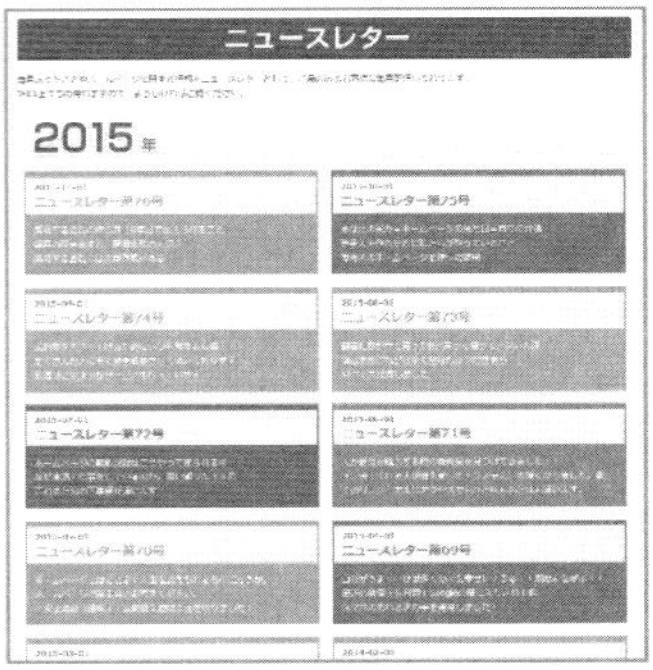

2009年から毎月欠かさず業務のことやFの日常を綴っています。「ニュースレター全部見て来ました！」とのお声も多く頂きます。

・当社のホームページ活用例　http://www.web-f.net/

当然このページがあると無いとでは、求職者の働きたい度数が全く変わっています。現代社会の求職者は、何を指標にその企業を選ぶかといえば、ほぼホームページで選びます。

例え、ハローワークや求人誌を見て知ったとしても、間違いなくインターネットからの情報も取得します。なぜなら、ネットからの情報量の方が、紙媒体より遥かに多いためです。

求職者は良い会社で働きたいのです。そして、長く勤めようと努力します。だから、自分の目で確かめて、自分が選んだ会社は間違いないという認識で働きたいのです。

その意欲に応えてあげるページを作れば、特別な社員教育などいりません。求職者は失敗したくないのです。

だからといって嘘を書いて求人をしてしまえば、新人は即退社、会社への疑惑により現スタッフの離職率も上がるという、負のスパイラルが生まれてしまいます。ですので、正しい情報を書くことが必要です。正しい情報に不安があるのなら、いますぐに根本的なことを改善するべきでしょう。

社内のみんなを笑顔にすれば、自ずと求職者は集まってきます。

現に弊社は求人ページを作ったことにより、大卒や新卒までも取れるようになってきました。

それまでまったく求人活動ができない魅力の無い状態で、2年間の離職率は9割でした。しかし、最近2年間での離職率は9割から2割まで大幅に下がり、求人活動をしないで良くなるような状況までなっています。（社員数18人）

会社の内容をオープンにすることで、社内の風通しも働きがいも出てきました。スタッフがいきいきと働くことができれば、お客様も幸せになる。ホームページで良い人材も入る仕組みを作ることができます。ぜひ自社の内容をしっかりと書いたページを作ってみて下さい。

◯社員が勝手に育つページとは

私の会社で営業スタイルから、社内の状況、お客様に対しての想いなどをしっかりとホームページに書いておいたところ、どのように対応をしなければいけないのか、スタッフが勝手に理解をしてくれるようになりました。

ホームページからお問合せが来る際に、半数以上のお客様が多く自社の情報を読み込んで来て頂けます。つまりスタッフの方が自社について、把握できていなければ、対応ができません。そのため、自社のホームページを読み込むようになります。

また、新人で経験の浅い人が対応する場合は、お客様と一緒にページに書いてあることを見ながら説明することで、クロージングすることも可能となります。

この結果、お客様への対応が非常にしやすくなりました。

レベルの標準化が出来ると、自己流の接客が基本的に無くなるため、スタッフ内での意見の言い合いと、修正したほうが良いポイントもアドバイスしやすくなります。

また、その通りにすることで、基本的に仕事が取れなくても、接客のミスをしても怒られなくなりました。

書いてあることが間違っているから、間違った接客が生まれてしまう。ということは、ホームページの内容を書き換えれば新しい接客方法が作られて、またレベルの上がった接客対応が出来るようになります。

ホームページは営業マニュアルにも使えるようになります。そしてお客様もそれを最初から読んでくれます。会社のファンに最初からなってくれる人も出てきます。社員も育って、お客様も育ってくれる。「弊社が選ばれる理由」などのページを持つことで社内の営業の底上げにもなります。

有名な三国志の諸葛亮孔明は軍律を誰よりも守ったそうです。だからこそ、統率のとれた組織ができて連勝を重ねられたという話もあります。組織に決まりは大切だということ

社内のウィキペディア

を学びました。

そこで考えたのが、社内のウィキペディアです。社内でどう過ごせば、会社に馴染むのか。どう作業をすれば残業が減るのか。モチベーションが下がっている時に読む。望月聡の扱い方。入社１日目に読む。会社が嫌いな時に読む。Ｆとしてお客様はどういう人なのか。お客様が怒った時の対処法。面接について。制作料金について。仲間に対して。自分に対して、など多岐に渡って書かれています。

もし新しい出来事が起きた時や反論がある人は、この内容を協議して書き換えて良いことにしています。書き換えた人が、今度は責任を負うこととなります。

書いた本人が守れることを、会社として成長することを書いていく。社内のルールはみんなで作り上げていくものです。それは、当然自分たちを甘くするものではなく、守るためにあるものです。お客様も守らなければ、自分も守ることができませんし、当然、自分を第一に守らなければお客様も守ることができません。

社内全員が閲覧と書き込みができるようになっています。自分たちの会社は自分たちで作っていく。失敗をすれば、この内容を変えて進化していく。息苦しくなれば、このルールをみんなの納得行くように変えればいいのです。

そうすることで、誰も不平を言わずに、理不尽に怒ることもなく、ミスした原因はこのルールを守っていないからと伝えるだけでクリアされていきます。新しい失敗をしたら、他の人がしないように書いて、全員で共有します。

そのルールでは書いた人がリーダーとなり、全員が、先生となり尊敬し合える会社を作ります。理不尽に変更する人なんて出てきません。

実名で書き込みができて、みんなが守るのです。不平が出れば、ルールを変えれば良い。変えたことは、社長も守る。必ず風通しの良い、皆が一丸となり同じ方向を向けるような会社になっていきます。

頭ごなしに伝えるのではなく、理論立ててしっかりと書いて伝えれば相手は理解してくれます。

社内でも伝えるということができるようになり、1つの新しいステージへの道となりました。このような項目で、全ての内容を書いて社内規則を作成していきます。こうして、私たちの会社は一丸となって何事にも取り組めるように変化していきました。

売れるホームページを作成し続けてきて気がついたのは、やはり元となる企業自身のあり方です。

閲覧した方に対して、経営者や会社の方針、社員全員の想いが伝わってこないと、いくら見映えやテクニックを盛り込んだホームページでも問い合わせはやってきません。冒頭でもお伝えしたように、まさにホームページはその会社の写し鏡です。

私たちのホームページ制作は、その1番の想いを一緒に考えて、伝えることからスタートします。そこに力をおくことで、お客様の会社の「経営の核」を作ることができています。

これからもホームページ制作をきっかけに売上を上げ、経営を安定させ、経営者と社員の人生を変えるお手伝いを全力で行っていきたいと思います。

平成27年冬

望月　聡

・著者プロフィール

望月 聡（もちづき さとし）

ホームページ制作F株式会社代表。1981年5月大分県大分市生まれ、日本文理大学卒。現在まで、依頼されたホームページの9割以上を成功させ続ける（1%以上の成約率）。「お客様の業務は一切変えない。魅せ方を変えるだけで売れるを作る」という信条をもとに、顧客の願いと共にホームページ制作、リニューアルをおこなう。検索上位対策（SEO）にも強く、自社ホームページはGoogle検索「ホームページ制作」にて1位表示を継続（2016年1月現在）。社員数も増え続け、ホームページ制作会社としては異例の18人を数える（営業0人、制作とデザイナーのみ）。
著書に『零細企業のホームページが繁盛店に化けた理由（ワケ）』（技術評論社刊）、『大変です！！ 社長！ 御社のホームページが死にかけています！』（すばる舎）、『ホームページで成功したかったら読む本』（セルバ出版）。

・ホームページ制作F株式会社　http://www.web-f.net

一番儲かる広告戦略！

著　者　望月 聡
発行者　池田 雅行
発行所　株式会社 ごま書房新社
〒101-0031
東京都千代田区東神田1-5-5
マルキビル7F
TEL 03-3865-8641（代）
FAX 03-3865-8643
カバーデザイン　ホームページ制作F株式会社
印刷・製本　倉敷印刷株式会社

ISBN978-4-341-08634-3 C0034